L'Esprit

Un chemin de Pensée

Edition : BoD - Books on Demand
12/14 rond-point des Champs Elysées, 75008 Paris
Imprimé par Books on Demand GmbH, Norderstedt, Allemagne
ISBN : 9782322158874
Dépôt légal : Juillet 2017

Table

––––––––––––––

L'Esprit et la vérité
Partie 7

Eternisation

Prélude à la vie

————————————

Dans la plus parfaite des consciences où s'abrite
l'essence,
loin des fracas du monde se joue notre existence.
Comme si la pensée à la recherche de sa justesse,
s'ingénie à percer l'obscurité pour éclairer son estime.

Le chemin se détache de son peu pour vivre le flux naturel
des choses,
remédiant les aléas pour anoblir la cause,
afin de parvenir de son état vaquant refléter le fondement.
Là où la vie assure sa plénitude pour signifier notre fait.

Le tout se voit et se capte les subtilités de son immensité
projetées,
pour dire de ses liens tissés concrétiser son assemblage.
Par la force agrégeant les différences et les particularités,
comme ce qui meut son originalité tout autant sa
détermination.

Nous sommes effectivement loin des rancœurs et des
amours,
méditant sans cesse le perfectionnement de nous-mêmes,
pour nous prémunir des impuretés et des faussetés,
se parfaire en tout, bien plus rayonnants que les égos
impossibles.

L'homme est dans sa croyance acquise le soi vindicatif et
alarmant (?),
quand la compréhension rend perplexe son alentour qui
chagrine le rapprochement.

Des fois convainquant dans sa solitude phénoménale,
souvent essayer de s'introduire pour ne faire qu'en soi.

Mais la connaissance justifie en sa sagesse
accomplissante,
la vacuité qui se révèle de notre tout avenant et coïncidant,
il faut être de notre humanité réalisée extrapoler notre
grandeur,
et saisir les rapports harmonieux qui nous font être et nous
penser.

Qu'en faculté de pénétrer notre intériorité pour rejaillir en
vraie pureté,
dans l'éclaircissement en son état illuminé, se miroitent le
fond et la forme.
Exactement dans le tout devenant au fur-et-à mesure que
se concrétisent les agrégations et les entités,
nous sommes sans cesse dans la compréhension mouvante,
bien plus que le momentané préféré.
Même à se désirer très beau.

L'Homme peut effectivement demeurer dans la
contemplation d'une mise en forme difficile et chaotique,
d'où la quête du meilleur pour atteindre le parfait,
mais si la réalisation dit toute la noblesse d'une vérité sans
pareille,
la certitude d'un tout interdépendant est de sujet à
employer des moyens adéquats pour dépasser l'adversité
inhumaine.

Nous ne sommes pas dans des domaines contradictoires.
D'un côté la hauteur sublime d'un but merveilleux, et de
l'autre les conditions pitoyables de souffrances indécentes.

Mais quand vivre le semblant fait subir des contrariétés trop difficiles,
la pureté conjuguée s'immisce partout pour continuer l'illumination du monde.

Faire en sorte que l'humanité entière voyage en s'embellissant davantage,
aller du moindre en précieux rejoindre l'infinité.
Nous sommes de cette qualité où l'esprit a la capacité intrinsèque de s'intégrer à toutes les réalités,
un jour dénoncer les insuffisances,
un autre agir en justesse.

Cela parce que l'Esprit premier étant en tout,
les torts que transpire la civilisation ne peuvent représenter que des obstacles à notre lointain, imperceptible.

Que si nous voyons et comprenons l'accomplissement comme un acte de cohérence pouvant garantir la vie,
par interdépendance nous prescrivant en un tout harmonieux,
cela signifie bien que la pensée clairvoyante, et dominant les attributs conséquents,
est en soi ce que toutes les âmes se conjuguent pour se justifier en futur.

Pour ainsi dire, la vie qui chemine assurément dans l'immensité qui brille en nous.

La Pensée, dans sa sérénité perçante, est en esprit ce qui agit en profondeur.

La tranquillité qui œuvre pour le bienfait, se distinguant des maux autrui, nous peinons nos malheurs pour souffrir nos semblables mal pensants.

Des indifférences qui crient la misère humaine,
toujours à travailler l'ego pour espérer bien vivre.
Nous sommes ainsi faits.

Et dans nos contraintes et améliorations attendues,
quelques réussites à enrichir le spirituel plutôt que le corps trop vivant.

Cela est de cours.

Le remord étant indicible et la condition faisant être, il faut appréhender le bien vécu pour permettre meilleure suite.

Celle en toute quiétude où demeure le parfait,
c'est souvent le constat de proximité avec le caché.
Savoir que l'éloignement s'estompe la conscience rapprocheuse,
ou bien nos différences qui diminuent quand vogue l'esprit clair.

Le fait est que, là où nous sommes, sommeille le fond devant harmoniser notre tout,
et quand nous vivons l'humanité, se tissent les liens bâtisseurs.

Phénomène agrégeant, à la fois divergeant, qui annoncent les réciprocités existentielles. Pour construire en sagesse, il est nécessaire de conjurer les désaccords fautifs.

Un est que les lois de la physique s'élaborent en mouvement,

sitôt abordées qu'il faut déjà vivre en tout.
Un tout ne pouvant être que si ses composants expriment leur cohérence,
deux, pour vivre pleinement, c'est la conscience qui fait corps.

Il ne s'agit pas d'être trop individualistes dans nos rapports incapacitants,
l'interdépendance des choses reflète bien le fondement, qui supervise la transformation nécessaire en Un tout essentiel,
et la miséricorde doit être pressentie comme la volonté éveillée de se reformer, et recomposer la diversité pour exprimer notre essence commune.
Remédier à toutes les insuffisances pour espérer aller mieux, et se découvrir, aptes, à cheminer en responsabilité.

Eliminer le faux pour que, sans tâche ni désir pervers,
l'être redevienne aussi "pur" qu'en source, pouvoir s'épanouir en chaque coin ignoré.

L'Esprit, sa divinité, son humanité.
Là où la vérité s'exprime en nous, l'esprit vivant, la grâce qui relie les dimensions pour justifier notre pensant. A être bien en ce monde.
Nous mouvons l'espace infini, et nous pensons le bonheur général.
La faculté se trouve dans la transformation d'ensemble dont la valorisation signifie notre présence en tout.

Notre existence, accomplissante, et notre retour vrai.

L'ESPRIT et l'humanité

Partie 1

_____

1. Qu'est-ce L'Esprit ?

Quand on regarde un homme, que voit-on ?
On voit un corps, et avec ce corps, on voit un esprit.

Maintenant, regardez autour de vous.
Sous vos pieds, il y a la terre, les cailloux. Un peu plus
loin il y a les fleurs, les arbres et la montagne.
Au-dessus se trouvent les nuages et le ciel. Après le ciel,
les planètes et l'univers, le cosmos. Au delà, ce que nous
ne pouvons plus voir, d'autres univers avec d'autres
galaxies.
Puis l'infini, l'éternité. Ceci est le corps de L'Esprit.

Dans ce corps, baigne la Pensée, sa spiritualité.

Si l'homme est fait à l'image de L'Esprit, il n'est pas
L'Esprit.
Et si L'Esprit a un corps, spirituel, il n'est pas homme.

C'est pour cela qu'il ne faut pas chercher L'Esprit sous une
forme humaine, même si L'Esprit peut prendre l'apparence
d'un homme.
Bien saisir cela est important pour comprendre les Autres
Réalités.

2. Quelle est la Loi ?

Savoir ce qu'est L'Esprit est l'un des éléments clé pour appréhender le rôle de l'humanité sur terre, mais ne lui permet pas de comprendre et d'agir dans le sens de la volonté supérieure.

Il faut pour cela une Loi qui nous guide. Cette Loi, elle existe réellement. Elle est unique et universelle. C'est-à-dire que toutes les autres lois découlent directement d'Elle, et/ou ne font que La servir.

Là encore, les Elus nous la montrent. Leurs actes le démontrent et leurs paroles s'y réfèrent.

Ils protégent toujours le faible, guérissent le malade, et aident à surmonter la mort. Ils protégent ainsi la vie. La vie.

Nous observons leur enseignement dans toutes les religions : la compassion, la bonté. Eviter le mal.

En fait, nous pouvons regrouper tout cela sous une même forme : celle de la Bonté.

Mais pourquoi faut-il être bon ? Pourquoi ne devons-nous pas être méchant ? Nous pouvons très bien faire aumône aux mendiants, et aider la vieille femme à traverser la rue tout en étant méchant. Nous pouvons très bien vivre en exploitant les autres et faire quelques dons à côtés. Nous pouvons très bien vivre dans la méchanceté et être parfaitement heureux, comme certains.

En vérité, cet enseignement qui découle directement de L'Esprit est primordial. La bonté est nécessaire car elle sert à protéger et à étendre la vie.

Si l'enseignement était inverse, basé sur la méchanceté et le mal, le monde serait régi par les dictateurs et les mauvais.

Et là, il n'y aurait plus que des guerres et d'autres maux sur terre.

Ce serait l'extinction de la race humaine.

Voilà le pourquoi de la Bonté !
La Bonté sert directement la Loi de L'Esprit. Elle est Vitale.
Tout est basé sur la vie. La Vie est la Loi de L'Esprit. Il faut la respecter et la servir.
La Vie est la Loi de L'Esprit. L'Esprit est la Vie.

**   Voilà, vous savez ce qu'est L'Esprit, et quelle est sa Loi.
Vous êtes maintenant armé pour comprendre le reste.
Trouvez la solution à l' "histoire de la poule et de l'œuf", et vous trouverez comment L'Esprit a créé l'Homme.
A partir de ces connaissances, sur L'Esprit et la Loi, vous découvrirez l'origine et le Destin de l'Humanité.
Utilisez ce que L'Esprit vous donne, et vous aurez réponse à tout ce qui vous tracasse.
Plus encore, vous verrez les Vérités, la Vérité.
Servez-vous du don de L'Esprit, et vous aiderez l'humanité.

Il faut mettre en garde l'humanité tendant à se perdre. Nos propres excès sont à l'origine de nos malheurs.
Mais également la nature de la vie qui entraîne une démographie galopante, donc l'épuisement de notre terre, la diminution des ressources qu'exige le maintien de la vie.
Et puis il y a aussi le surpeuplement qui risque de nous amener à des conflits raciaux meurtriers : l'élimination pour la survie ...
Quelles réponses possède l'homme pour résoudre ces problèmes ?
Il n'en a pas. Comprenons-nous bien ! L'espèce humaine est trop divisé par intérêts nationaux, politiques ... voir

simplement familiaux ou personnels pour prendre en compte l'enjeu global.

Alors, Qui est capable de penser à tous "ses enfants" et de les sauver tous.

En vérité, il n'y a que L'Esprit qui puisse le faire.

Car Il possède la sagesse et la connaissance nécessaires.

Est-ce un espoir hypothétique ?

Non. Parce que depuis le début, Il a toujours corrigé les erreurs humaines, fourni à l'homme les instruments de sa survie et de son développement.

Le problème, c'est que nous sommes arrivés à la limite de la terre.

Alors, que faire ? Les moyens dont nous avons besoins existent.

L'Esprit nous en a déjà pourvus.

Seulement, il faut cette fois-ci savoir se débarrasser de nos différences, et comprendre et vivre dans la Loi.

Tout existe et est réel, matériel, palpable.

L'Esprit ne nous a pas fait que pensée. Nous sommes réels et matière palpable.

De même que L'Esprit n'est pas que Pensée. Il est réel et visible.

Quand L'Esprit "promet la Vie infinie", elle existe vraiment.

Seulement, ce n'est pas toujours comme nous l'imaginons. Maintenant, que faire ?

Chaque croyant ayant cherché L'Esprit et communié avec Lui possède déjà le Don.

C'est ce Don qui sauvera l'Humanité.

Chaque homme revenant pour sauver l'Humanité possède déjà ce Don.

C'est ce Don qui sauvera l'Humanité.

L'ensemble de l'Humanité a les moyens de se sauver, et ce qui lui manque encore sera pourvu par L'Esprit.
Voilà ! Utilisez ce Don.

3. La création.

De l'œuf ou de la poule, qui est apparu le premier ?
Voilà une question bien amusante, pour expliquer quelque chose d'aussi sérieuse ! Peut-être bien que vous vous dîtes que tout ce que vous avez lu jusqu' ici n'est que pure fantaisie, voir même folie ?
Eh bien ! Sachons rire un peu. L'homme n'a pas été créé pour vivre et mourir dans le malheur, encore moins pour attendre seulement le Salut.
Maintenant que vous avez donné votre réponse, voilà l'explication.

Partons d'abord de l'œuf ! A l'intérieur d'un œuf pondu, si cet œuf contient déjà toutes les caractéristiques, génétiques, de la poule, il va forcément donner naissance à une poule.
Donc, la poule vient forcément après l'œuf (de poule).
Maintenant, prenons la poule. Est-ce qu'une poule va obligatoirement pondre un œuf, qui donnera naissance à une poule ? Vous allez dire : cela va de soi !
Eh bien ! Non ! Au moment de la fécondation, si pour une raison quelconque, la chaîne génétique change, mal formation ou mutation par exemple, la poule va pondre un œuf, non plus de poule, mais d'un animal tout proche, peut-être, mais qui ne sera pas une poule. Disons un canard ou autre chose.
Donc, l'œuf de poule peut ne pas provenir de la poule elle-même, mais d'un autre animal.

De l'œuf ou de la poule, c'est donc l'œuf qui est apparu le premier.

Maintenant, retournons au début.

Au départ, L'Esprit, le Devenir, a créé le microbe (pour exprimer une toute petite créature très simple). Et par mutation génétique successive sont venus le poisson, le dauphin, la souris, le chat, le lion ... le singe.

Et l'homme qui descend génétiquement du singe.

Cela Lui a pris des milliards d'années pour créer la vie sur terre. Il a fallu créer l'univers et les planètes, créer les conditions pour qu'émerge une planète capable d'accueillir la vie, la terre, créer les conditions pour faire éclore la vie, et à partir de la matière, créer la Vie.

Pour L'Esprit, que représentent donc des milliards d'années ?

Le temps ne signifie rien.

L'importance, c'est qu'il nous a créés : l'Homme.

Mais pourquoi l'être humain doit-il représenter L'Esprit ? Pourquoi est-il là ?

Sommes-nous là seulement pour Le glorifier parce qu'il nous a créés ? Sommes-nous là pour dominer les autres espèces parce que nous avons un esprit pensant, comme Lui ?

Sans doute, Non ! Suivant la Pensée, le destin de l'humanité est bien plus que cela.

Il est dicté par la Loi elle-même.

Nous allons le voir bientôt.

4. La procréation.

Pourquoi L'Esprit, le Devenir, a-t' il créé deux êtres ? Pourquoi pas un ? Pourquoi pas trois ?

La réponse n'est pas très difficile à trouver. Il suffit d'observer la nature. Nous avons bien des créatures qui se dupliquent, telles les bactéries. Mais en principe, quand il s'agit d'animaux évolués, plus complexes de point de vue organisme, la préférence est systématiquement donnée à la dualité. Nous voyons très bien qu'il y a une créature qui porte et mette bas leur progéniture. Cette période fragilise son corps, nécessite du repos, et l'oblige à rester souvent sur place, pour leur bien-être et leur sécurité. Ce rôle est confié par L'Esprit à la femelle. Pendant qu'elle est immobilisée, il faut donc une autre créature pour s'occuper de les protéger et de les alimenter. Ce rôle est confié au mâle. Les tâches étant complémentaires et suffisantes, il n'y a pas besoin d'une troisième créature pour engendrer la vie.

Le mode de procréation des êtres humains est dans la continuité de la vie animale. Il est comme ça.

5. Le rôle de l'homme et de la femme.

Si nous avons parlé de la procréation, c'est pour affirmer qu'il y a dans le dessein de L'Esprit, des obligations confiées à l'homme, à la femme, ainsi qu'au couple, pour qu'ils accomplissent la Loi, dans les meilleures conditions possibles.

Tout d'abord, disons haut que c'est l'Être humain qui est fait à l'image de L'Esprit. Cela veut dire que ni l'homme, ni la femme n'a la supériorité par rapport à l'autre.

Ensuite, redisons haut que pour procréer, il faut être deux. Cela veut dire que suivant la Loi, l'homme ne peut pas se passer de la femme, et inversement.

D'où vient donc cette situation sociale, ou communautaire,

où nous trouvons souvent l'homme en position dominante ?

Il n'y a pas à chercher loin. Le mâle devant protéger et nourrir la femelle pendant la grossesse, il a été créé avec une constitution plus forte. Cette supériorité physique, conjuguée avec des situations, la quête de nourriture par exemple, où il se retrouve seul pour prendre des décisions pour deux, ont pu lui faire croire qu'il est le maître dans le couple.

Hors, en dehors de ces moments où la femelle a besoin de l'aide indispensable du mâle, nous constatons qu'après, pour beaucoup d'espèce, elle peut parfaitement se débrouiller seule, même pour s'occuper seule de leur progéniture.
Il en est également ainsi pour l'être humain.
En vérité, L'Esprit n'a pas donné à l'homme le pouvoir de dominer la femme. L'homme a été créé pour aider la femme, la femme pour aider l'homme aussi. Ainsi le couple peut vivre sereinement et engendrer des enfants dans l'harmonie de la Loi divine. Cette harmonie est importante car elle permet à la Loi, la Vie, de s'appliquer, de s'étendre paisiblement.
Cela veut dire aussi que la femme est, suivant la volonté de L'Esprit, l'égale de l'homme. Cela signifie que dans toute communauté humaine, elle doit non seulement être respectée, mais aussi occuper la même place que l'homme dans l'échelle des responsabilités. Autrement dit, pour N'IMPORTE quelle institution humaine, y compris donc religieuse, si un homme peut accéder au poste suprême, il doit en être ainsi pour la femme. Exactement comme dans un couple, où la femme a les mêmes droits de décisions

que l'homme.

Tout homme qui prétendrait le contraire ne vivrait plus en conformité avec la Loi, avec L'Esprit. A lui de se reprendre.

En vérité, pour bien comprendre le rôle de la femme par rapport à la Loi, il faut admettre que c'est elle qui donne la Vie directement. C'est elle qui la porte, et c'est elle qui l'engendre.

L'importance n'est pas physique, car l'homme a également son rôle, mais en tant que Mère, avec toutes les responsabilités et difficultés que cela implique, la femme sait exactement, plus que son compagnon, ce que la Vie représente. Elle l'a dans sa chair. Elle "connaît" intimement le sens de la Loi.

Dans la vie, dans des situations de conflits où il y a des morts, la Loi n'est plus respectée. Entre l'homme et la femme, c'est elle qui agira en pensant d'abord à préserver la vie, avant toute autre considération. Alors que l'homme, lui, va retenir d'autres critères : l'intérêt national, la victoire, la gloire, la richesse ... comme aussi important.

Donc, si nous avons plus de femmes à des postes de décisions, il y aurait sûrement moins de guerres.

Et les guerres dureront moins longtemps.

En fait, il faut tout simplement se laisser guider par l'Esprit, accepter que quand l'homme outrepasse son enseignement, c'est sa vie qu'il mette en péril.

L'humanité n'est pas capable de gérer seule sa destinée. Tout homme ne suivant pas la Loi nuit à ses semblables. L'Esprit existe. L'Enseignement existe. Nous verrons comment Il "parle" à l'homme et lui enseigne la Loi.

6. L'Homme.

L'Esprit possède un Corps et un Esprit, ils sont sacrés.
Il a créé l'homme à son image : avec un corps et un esprit.
La primauté ne doit être donnée ni au corps, ni à l'esprit,
car la Vie repose sur les deux.

Le corps est l'expression de la vie.
Il est le siège de l'esprit, et sert à perpétuer la vie.
S'occuper du corps, d'autrui, c'est assurer le
développement de l'humanité. C'est servir la Loi.
Grâce à l'esprit, nous "recevons" l'Esprit saint.
Il permet d'entrer en relation avec Lui et de communier
avec lui. C'est par ce canal qu'il nous parle et fait passer
son enseignement.
Qui communie avec Lui reçoit le Don. Le Don est une
aide, une force, une "arme" ... que l'homme peut utiliser
pour lui-même, et pour accomplir sa volonté.

7. La Vérité.

Qui connaît L'Esprit et la Vérité comprendra.
L'Esprit n'est pas seulement unique parce qu'il n'y a pas
d'autre esprit, il est unique parce qu'il est UN.

La Vérité est : "TOUT EST UN, UN DEVIENDRA
TOUT".

Tout est Un.
L'Esprit est Un.
Tout est Esprit.

La Vérité absolue, c'est L'Esprit lui-même : L'Esprit est
LA VERITE.

De L'Esprit, Un, apparurent les univers, les galaxies, les planètes, les plantes, les animaux et les êtres humains. C'est le lien direct et concret qui nous attache à Lui. C'est presque "génétique".

8. Les deux vies infinies.

La bonté et l'amour assurent la Vie pour toute l'humanité. C'est une garantie d'espérance pour toute la race humaine.

La bonté et l'amour, vivre suivant les préceptes de l'Enseignement, assurent le Salut, pour chaque homme. La réalité de L'Esprit et la Vérité nous permet de comprendre que c'est de façon concrète qu'il nous "éveille". C'est comme ça qu'il nous sauve. Cette Vérité absolue contient une autre vérité, qui permet une meilleure compréhension de toute chose, y compris de la Vie. Vous pouvez la retrouver. Cela vous aidera.

9. Le destin de l'humanité.

L'homme est le devenir de L'Esprit sur terre. Il doit suivre la Loi, son guide. Il sert à protéger la vie et à l'étendre.

Le croyant qui a reçu le Don représente L'Esprit pour ses semblables. Le non-croyant qui a reçu le Don a pour mission d'aider concrètement ses semblables à suivre la Loi : il possède la science. La roue n'a pas été révélée pour construire des chars d'assaut, mais pour la culture et l'émigration.

"E=MC²" et autres connaissances scientifiques n'ont pas été révélées pour faire des bombes atomiques, mais aider matériellement l'homme, en tout, pacifiquement.
Avant que la terre ne devienne trop petite pour la vie, l'humanité doit utiliser ses Dons pour partir sur d'autres planètes. Ainsi en va la Loi : se protéger et s'étendre.

C'est le Destin de l'humanité.
C'est pour cela que l'être humain a été créé.

10. Le Message.

L'Esprit est Corps et Esprit : il est réel.
La Loi est la Vie.
L'Esprit donne le Don pour aider l'homme à suivre la Loi.
Le Don l'aide pour retrouver les vérités. Il faut l'utiliser.
L'Esprit sera toujours là pour aider l'humanité.
L'homme n'est pas seul, il est lié à tout. Il est lié à L'Esprit.
Il lui faut à présent assumer son Destin.

*** La perception correcte des choses, voir au-delà de nous-même,
vivre L'Esprit comme l'Origine et non plus comme une image,
se reposer sur Lui comme le mur de notre maison,
comprendre que la vie n'est autre que nous-mêmes,
saisir que derrière ce que nous pouvons voir et comprendre existent "nous",
nous sommes ici, là et partout, nous sommes passé, présent et futur,
tout est autre et en même temps nous,
il n'y a plus de différence entre le ailleurs et le ici,
il n'y a plus de autre qui soit différent de nous,

le tout, tout, tout, c'est nous, nous, nous,
le tout, le nous, que ce soient la matière, la pensée, l'esprit,
le corps, les lois, les vérités, les images, la
création, l'existence, le non-être, les illusions, les
désillusions, ce que nous comprenons, ne comprenons
pas, saisissons, ne saisissons pas,
tout et tout autre, c'est nous et nous autre, ... c'est
L'ESPRIT.
Le TOUT, et TOUT, et TOUT est L'ESPRIT.
Nous sommes son devenir, et nous vivons en Lui. Nous
sommes son corps et son esprit, il nous abrite et nous
nourrit, il nous aide et nous laisse agir, il nous guide et
nous libère,
il nous veut Un et nous-même, il veut nous aimer.
Il n'y a pas de différence entre nous et lui, entre autre et
lui.
Mais nous ne sommes pas lui.
Se laisser guider, accepter notre faiblesse, se faire humble
et fort pour accomplir sa volonté. Ne pas faire
ce qui nous caractérise trop souvent, notre propre volonté,
car c'est en elle qu'est la racine du mal, c'est en elle que se
trouve le autre qui n'est plus Lui et le Tout.
C'est de là qu'est né le péché, qui nous a fait oublier que
nous sommes le tout en Lui et non pas notre
propre nous. C'est l'égoïsme.
Oublions le nous, il restera L'Esprit. C'est comme ça qu'il
faut vivre notre existence sur terre. C'est comme ça qu'il
faut comprendre le monde.
Nous faisons cela, et nous parviendrons au TOUT, à
L'Esprit qui nous a créés. En même temps, nous
réaliserons notre destinée. Nous réussirons ce que L'Esprit
inscrit en nous : protéger et étendre la vie.
Pour L'Esprit et nous-mêmes.

L'Esprit et l'Homme

Partie 2

Quelle est la nature humaine ?

---

1. L'Esprit.

L'Esprit est Corps et Esprit.
Il est l'Origine de toute chose, de la vie, de l'humanité.
Sa volonté pensée est que nous réalisions l'unité.
L'humanité Un permettra à l'homme de L'atteindre, de Le rejoindre.
Car L'Esprit est Un, et nous sommes en Lui.
Ses enseignements sont l'expression de cette finalité.
Ils offrent la possibilité de bonheur à toute l'humanité, et (nous) tendent vers cela.

Dans l'essence de l'Enseignement, L'Esprit donne les réalités et les vérités nous permettant d'accomplir sa volonté et de Le rejoindre.
Mais ces vérités ne sont pas finies en soi.
Il y a toujours des choses complexes et inachevées, des questions irrésolues, ..., et également des faits significatifs.
Ainsi est l'Enseignement.

L'Esprit est la Vie. Il nous a fait à son image. Nous sommes donc Vie.
Cela aurait pu s'arrêter là, et suivre simplement son cours, mais la réalité prouve que l'homme délaissé mène l'humanité en souffrance et vers sa perte.

De ce fait, il ne peut assurer ni son état, la Vie, ni son rôle, protéger et étendre la vie.

De ce fait, l'homme délaissé ne connaîtrait pas son Origine, ses préceptes, son Enseignement. Il ne peut donc pas exécuter sa pensée. Il ne peut donc pas Le rejoindre.

Pourquoi tant de bonté et de compassion ?
Parce que nous sommes son devenir.
Parents, nous aimons et essayons d'élever de notre mieux nos enfants.
Source, L'Esprit est Amour, et transmet son Enseignement pour faire notre bonheur.

1.1. Pourquoi connaître L'Esprit ?

L'homme est fait à son image.
Se regarder, se découvrir, s'étudier et comprendre l'Enseignement nous permettront de voir, découvrir et de mieux L'appréhender.

Connaître et comprendre L'Esprit, notre Origine, nous renverra alors vers une meilleure connaissance de nous-même.
Cela nous permettra d'évoluer.
Evoluer vers le bien. Appliquer les préceptes de l'Enseignement. Exécuter sa volonté.
Pour remplir notre rôle, protéger et étendre la Vie, et assurer le bonheur pour toute l'humanité.

1.2. Que contient l'Enseignement ?

Il y a des réalités et des vérités.
Elles proviennent de L'Esprit.

Certaines nous sont transmises, directement ou indirectement,

pour nous permettre de mieux saisir les choses.

L'Esprit est compassion, amour éternel. Il nous offre le Salut, la Vie.

Il est l'Esprit créateur de l'univers, de l'humanité.

Mais tout n'est pas apporté explicitement à notre connaissance.

Ainsi sont certaines paroles, et actes enseignés ...,

qui nous mène au Corps et à l'Esprit,

et qui nous montre aussi que L'Esprit est semblable à l'homme.

Cela pose une condition : la condition humaine.

A cela s'ajoute d'autres questions : "Qui suis-je ? D'où je viens ? Où est-ce que je vais ? ..."

Cela nous amène à réfléchir sur L'Esprit, et sur l'homme.

L'Esprit est créateur de l'humanité. Tous les êtres humains en sont le devenir. Les réflexions sont symétriques.

Réfléchir et découvrir la Réalité humaine "révélera la Source".

Et mieux saisir la Réalité supérieure "révélera l'Homme".

"L'Esprit est Un" est une vérité pure.

Qui fait que toute solution touchant un problème complexe et global s'intégrera d'elle-même dans cette vérité, et deviendra Un.

Il en est ainsi de la pensée et de l'esprit.

Il en est ainsi du corps et de la matière.

1.3. Que nous révèle l'Enseignement ?

L'Enseignement est bien plus qu'un message devant aider l'humanité.

Il est l'expression du Un. Nous le sommes également en état communié.

* Et tout ce qui tend vers l'unité tend vers la perfection universelle.

Ainsi, plus que les choses prises séparément, c'est l'Enseignement dans sa totalité que nous devons appréhender.

L'humanité a reçu l'Enseignement à suivre, et le modèle originel.
Bien plus ! Puisque cet Enseignement est Un, c'est ce Un que nous devons avoir pour objectif final. Et non pas seulement suivre certains commandements, pour uniquement améliorer notre confort.
Car il est dit que l'Enseignement est destiné à toute l'humanité, pour son bonheur.
Donc le comprendre et l'appliquer, c'est bien. Mais faire en sorte que ce soit toute l'humanité qui Le porte, c'est l'idéal.
Car "cela nous fera réaliser le Un, et nous ouvrira toutes les portes".

1.4. L'Esprit.

L'Esprit est Corps et Esprit. Il est Un. Il est également Tout.
Il est le Créateur, l'Origine où tout retournera.

Mais "Qui" est donc L'Esprit ?
"Corps et Esprit" représentent bien la nature des choses. Ils sont Un.
Ils découlent directement du Devenir.

La Création, ou plutôt les créations, est l'oeuvre de la Vie.
La Vie est Un et tout est en Elle.
Donc la Création est aussi en Elle, Elle est Un, tout
comme L'Esprit.
La Création est partie de "rien".

Alors Qui est L'Esprit ?
La vérité est : Tout est Un, Un deviendra tout.

De cette vérité apparut l'humanité.
L'homme est corps et esprit.
Il est créé à l'image de l'Esprit, Qui est Corps et Esprit.
Connaître L'Esprit doit être une démarche individuelle.
Car c'est comme cela que chaque croyant arrive à
approfondir sa foi.
La relation entre tout être et Lui est une relation
personnelle, intime. Et doit le rester.

"Tout est Un, Un deviendra tout" est très proche de
L'Esprit.
Il y a une autre vérité encore plus proche de Lui.

Pour atteindre cette connaissance, nous allons voir que
l'Enseignement nous y mène effectivement.

2. L'Homme.

L'homme est corps et esprit.
C'est la similitude avec L'Esprit.

Nous saisissons bien la réalité du corps, matière palpable,
dont tous nos sens en révèlent l'existence, mais comment
interpréter l'esprit ?

Le nôtre est-il le même que celui de L'Esprit ?
N'en possède-t-il que quelques caractéristiques ou est-ce exactement le même ?

"Corps et esprit" sont création et proviennent d'une même source : de "rien".
Ce "rien" est l'état originel de notre devenir.
Avant d'être homme, nous étions "rien", faisant partis du Un originel.
Puis fut créé l'univers, qui a évolué jusqu'à nous.
De l'univers et de l'homme nous saisissons parfaitement leur composition : la matière. De l'esprit nous constatons son immatérialité. Cela parce que nous ne possédons pas les instruments permettant de l'estimer.
Le seul outil réellement disponible est l'esprit lui-même.
Ainsi nous pouvons quand même l'étudier et voir qu'il existe vraiment.
Mais à travers l'univers existent également des "forces" aussi insaisissables que l'esprit. Seulement, faute de moyens appropriés, nous ne pouvons en contempler la réalité.

Qui est donc le plus proche de l'état originel ?
L'esprit impalpable provenant du "rien" insaisissable, ou bien le corps matériel dont la source est aussi ce "rien" ?

Nous sentons bien que l'esprit est plus semblable à l'origine que le corps.
Pourquoi une telle différence entre ces deux états ?
Mais y a-t-il réellement tant de différence ?
A part ce que nous constatons directement, l'un concret et l'autre non, réaliser que le corps et la matière proviennent

également de "rien", ne peut montrer qu'une seule chose, une seule vérité, que nos sens nous trompent.

C'est que le corps a pour réalité fondamentale, la même que son origine, c'est-à-dire "rien". Ca, c'est sa nature.

D'autre part, il n'est pas contestable non plus que le corps soit bien réel.

C'est simplement pour bien signifier que les fondements du corps et de l'esprit sont identiques : "rien".

2.1. Pourquoi connaître l'homme ?

Pour connaître L'Esprit.

Mais pas dans un but égoïste, car cela ne nous est pas permis.

Il y a une particularité spécifique à l'Enseignement. La démarche qui mène à la Source, et sa connaissance concrétisent effectivement ses promesses. Mais cela n'est possible que parce qu'elles nous ouvrent d'abord sur l'humanité, par le renouveau de l'homme, par sa renaissance, et son devenir.

Et nous sommes amenés à la compassion, à la bonté, à l'amour..., toutes les qualités permettant de devenir Un, et finalement, au bonheur universel que L'Esprit nous a promis. Et également à la vie (en l') infinie.

Constater le déchirement de l'humanité ne doit pas être une idée fixe négative. Il faut en tirer les justes leçons.

Le plus important est de réaliser, enfin, que l'humanité découle du Un primordial. Ce Un est une réalité indiscutable. Nous sommes appelés à le redevenir. Et il n'y a rien qui puisse réellement nous en empêcher, sinon nous-mêmes.

Il faut le savoir, et le comprendre. Ainsi nous admettrons que le bonheur de tous dépend bien de chacun. Et qu'une fois réalisé, il rejaillira sur chacun.

2.2. Que nous révèle l'Enseignement ?

Le principe dominant, absolument à assimiler, est l'unité, le Un.
Que la Création soit à la source, en devenir ou à venir, L'Esprit est toujours Un et nous en faisons partis.

L'humanité est également Un, intégrée au Un universel.
Mais nos divisions ont rompu cette harmonie.
L'Enseignement est aussi Un, intégré au Un originel.
En tant que Un, il est la vérité à suivre pour réaliser de nouveau notre unité.

Tout cela soulève des interrogations sur L'Esprit et l'existence humaine. C'est l'amorce à la "solution".
En finalité, que se passe t'il ?
Après la mort, nous devenons autre, et nous retrouvons la vie. Nous sommes en l'Esprit, et nous retournerons à Lui.

Cela montre clairement que l'esprit est indépendant du corps.
Il peut s'en détacher, puis le réintégrer. Même corps ?
Autre corps ?
Aussi qu'il peut rejoindre la Source.
L'esprit peut donc s'intégrer à autre chose qu'à son entité d'origine.

L'Enseignement de L'Esprit révèle ainsi que corps et esprit sont distincts.

Aussi que l'esprit peut "survivre" au corps.

2.3. L'Homme.

Qu'est-ce un être humain ?
La réponse évidente est qu'il soit corps et esprit.

C'est comme ça que nous le connaissons.
L'homme "fini" est déterminé par sa conception, sa vie et sa mort.
Au-delà, que devient-il ?
Est-ce que nous pouvons encore parler d'homme ?

En vérité, l'Enseignement est clair.
Corps et esprit sont bien distincts.

A la conception, la mère et le père "créent" l'embryon qui donnera le corps. Ce corps deviendra "homme" au moment où l'esprit l'intégrera, ou quand l'esprit s'éveillera. La vie suivra son cours jusqu'à la mort du corps, naturelle ou par accident. L'esprit le quittera alors pour rejoindre la Source, ou disparaîtra. Sauvé, c'est le Salut, la vie éternelle en sans cesse devenir.
Maintenant, si cet esprit revient dans un autre corps, c'est la réincarnation.
Mais si L'Esprit choisit de ressusciter "même corps et esprit", c'est la résurrection.
Où est le vrai ?
Il n'y a pas à choisir entre les deux. Juste savoir que ce qui caractérise l'identité humaine, ce n'est pas le corps périssable.
C'est bien sûr l'esprit, l'"état de création" le plus semblable à l'Esprit originel. Ensuite comprendre que ce soit par

réincarnation ou résurrection, le seul élément durable est toujours l'esprit.

C'est sa force ! C'est nous. Nous sommes esprit avant d'être corps.

Alors, que sommes-nous ?

Il est évident que la survie de l'esprit au corps change notre réalité. L'homme est défini avant tout de sa naissance à sa mort.

C'est en rapport avec son corps.

Maintenant, la vie éternelle nous montre que l'esprit est plus important encore.

Alors, l'être humain est-il toujours "Homme" ?

Sans doute, oui !

Corps et esprit il demeure Un, parce que ses deux composants proviennent de la même source et gardent leur essence fondamentale.

L'homme "devient" seulement éternel au lieu d'être "fini".

C'est la promesse de Vie : la vie éternelle, l'homme éternel.

A nous de comprendre l'Enseignement et de l'appliquer, pour réaliser l'unité.

L'être humain est "source", faisant parti du Un ; il est Homme, tel que nous le connaissons; il est esprit, par sa mort; ... ; et il redeviendra "source", quand il retournera définitivement à (en) L'Esprit.

3. Le message.

Comme Il nous a créés, l'humanité est Un avant d'être homme.

C'est l'état unitaire qui doit nous permettre d'avancer sans heurt dans la vie, et de réaliser notre destinée.

Savoir que L'Esprit est là près de nous à tout instant est un réconfort.

Mais l'homme ne doit surtout pas oublier qu'à la source, il fait parti d'une même famille, et que devenu entité individuelle, il fait toujours parti de cette famille.

L'Amour qui unit les êtres dans l'état primordial, est également le ciment nécessaire de notre société actuelle.

Qui dit Amour, dit abandon de tout esprit individualiste et méprisant, dit amélioration mais pas confrontation, dit entraide et pas exploitation...

Vivre dans le bonheur universel est la bonne représentation de l'harmonie de la vie.

Harmonie que des hommes égoïstes ont brisée en oubliant que sa famille, c'est l'ensemble de l'humanité, et non pas sa propre personne.

L'harmonie dans laquelle nous devons vivre n'est pas stagnation, menant à la régression. C'est elle qui par sa nature paisible et enrichissant, fait évoluer l'homme vers la perfection en lui laissant le temps d'apprendre, le temps de comprendre, ce que L'Esprit lui apporte par les Dons accordés, pour lui permettre de L'atteindre.

Mais sur ce chemin, l'homme a reçu un Rôle : protéger et étendre la Vie. Par ses caractéristiques physique et mental, Il est le seul être vivant capable de réaliser cela.

Il a été créé et choisi pour cette tâche.

L'homme a donc le devoir de maintenir son environnement, la planète, la faune, la flore, et l'humanité, dans un état approprié pour la continuation de la vie, puis pour son développement.

C'est en cela que nous sommes semblables à L'Esprit.

Nous sommes Vie par nos possibilités et notre destinée.

Aimer est nécessaire pour accomplir notre destin.
Nous devons donc retrouver cette qualité originelle. Elle est en nous, elle est en L'Esprit.
Il n'y a qu'à regarder les dégâts et les maux engendrés sur terre par l'égoïsme, pour en voir la nécessité.
Accepter que si nous aimons réellement nos enfants, il faut leurs léguer les conditions de vie idéales pour les générations à venir.

Et quel est le meilleur moyen sinon un environnement d'Amour où chacun trouvera sa place et vivra dans le bonheur ?
L'ambition ne doit pas être une quête individuelle, preuve de non maturité et de régression sociale. Elle doit être portée par des projets pour l'humanité toute entière.

** Voilà ce que l'Enseignement nous apprend.
L'humanité est beaucoup plus importante que l'individu.
Parce que c'est elle qui est porteuse de Vie. C'est elle qui est le Un où s'intègre chaque homme. C'est elle la famille. Elle seule est capable des grandes réalisations du destin humain.
Elle seule est notre avenir.

L'Esprit a fait l'Homme à son image.
Regarder l'Homme, c'est se voir en Lui.
Et saisir que derrière l'Enseignement Il existe vraiment.
Comprendre sa réalité est ce que l'Enseignement apporte.
Afin de lever les doutes et permettre à l'humanité de continuer son chemin, dans de meilleures dispositions.
Eliminer les divisions qui empêchent l'homme d'avancer vers son destin et de rejoindre la Source.

Réaliser l'unité afin de parvenir au bonheur et à la vie éternelle.

Ouvrir les yeux, c'est enlever le voile de l'égoïsme qui pèse sur notre coeur. C'est contempler, de l'univers jusqu'à l'homme, tout le chemin parcouru, et se dire que nous devons continuer cette progression parce que nous sommes capables de donner tout l'amour nécessaire. Redevenons bonté et amour, redevenons nous-même, redevenons Homme.

Il n'y a que comme cela que tout se réalisera, que l'homme réalisera son humanité.

*** L'homme n'est pas une entité corporelle, mais spirituelle.

Comme L'Esprit.

Son corps est un état double, et seulement secondaire.

L'enrichissement vient avant tout par l'esprit. C'est lui qui est réel et éternel.

C'est lui qui fait que nous sommes semblables à L'Esprit.

Et c'est grâce à l'esprit que nous Le rejoindrons et parferons notre humanité.

L'Esprit et création : "ici"

Partie 3

---

1. La création universelle.

L'Esprit est vie. De cette vie nous sommes venus.
Nous, c'est l'univers qui est né de l'Esprit pour donner corps à la matière.
Afin que la matière devienne à son tour vie.
Vie est aussi l'humanité dans le corps et en esprit, tel qu'Il nous a créés.

1.1 L'Esprit.

Du commencement fut l'Esprit, état primordial du devenir de la création.
Esprit vague, esprit flottant, esprit impalpable et pourtant complétement présent.
L'Esprit est "rien", et pourtant Il va devenir tout.
Ce qui le caractérise, c'est avant tout la pensée, comme l'humain.
Sans la pensée, il n'y aurait pas de création, pas d'humanité.
Elle est conception et entraîne la création, pas le "rien".
Par la pensée de l'Esprit, L'Esprit se réfléchit et agit sur une "force gigantesque" permettant de soulever l'immuable, changer l'éternité, créer les univers.
Pensée de l'Esprit est synonyme de vie.

1.2 La Pensée de l'Esprit.

Elle est au-delà du fait humain, de ce que nous pouvons percevoir.

La pensée de L'Esprit met en mouvement le "rien" de l'Esprit, afin que ce "rien" prenne corps.

C'est donc que ce "rien" est autre chose qu'absence de tout.

Ce que nous ne pouvons voir, sentir, toucher, est en soi une "réalité matérielle" du fondement.

Si l'homme agit par la pensée sur son corps, L'Esprit fait de même sur cette "réalité autre".

La Pensée est en fait le "moteur" de l'Esprit qui agit sur son fondement.

Ainsi naissent les univers.

1.3 Le "rien" comme fondement et corps.

C'est une substance, ce "rien". Subtil et terriblement puissant.

Telle la force de l'eau capable de tout emporter, comme de tout briser, de tout détruire.

Mais ce qui peut défaire peut aussi devenir, bâtir.

Substance de construction telle la pierre mais aussi vide que l'air.

Le "départ" de la vie est en fait "rien", et ce rien est "vie".

Vie sans pensée de vie, et qui va devenir autre vie.

C'est que ce "rien" renferme déjà en lui le nécessaire pour créer, par la volonté, simplement en pensant.

Le "rien" n'a donc pas besoin de devenir autre, car il est déjà tout, il est à la fois "rien" et tout, il est déjà vie.

C'est ça le caractère fondamental de l'Esprit, Il est Vie.

Son "devenir" sera autre, mais vie il est au départ, vie il restera après changement.

Le devenir est une volonté,...et réalise la condition d'Etre.

Qu'est-ce qui est créé ?
Un état double : la matière.

2. La création du corps.

Pourquoi y-a-t' il création ?
Est-ce une création, le corps ? Ou une transformation de
"rien" en matière ?

Les deux ! Simplement savoir que l'avènement des Corps
et Esprit va engendrer des êtres capables de perpétuer
l'Esprit.
Cela est primordial.

2.1 Le processus du "rien".

Le "rien" n'est donc pas rien mais bien des réalités autres
que l'humain ne perçoit pas.
C'est une éternité d'expressions de vie qui vivent par elles-
mêmes, capables de bouger, de se transformer, de s'unir.
Capables d'agir, de communiquer ses caractéristiques, de
se dédoubler, d'évoluer.
Une vie pure en soi. Une vie "sans corps" mais réellement
vivante.
Par la pensée, L'Esprit fait acte de création et de vie, la
nôtre.
L'élément de vie primordial, immatériel et sans corps, va
au contact des autres "réalités" soeurs se transformer et
s'unir pour prendre consistance, une autre forme de réalité
capable de vivre autrement.
C'est le départ au big-bang, au souffle originel.

Des réalités de vie primordiales, L'Esprit fait donc acte de vie et constituer le premier élément de vie qui va donner le big-bang, l'univers et l'humanité.
Ainsi naquit la nouvelle vie, fondée sur les matières et énergies nouvelles.

2.2 Le dédoublement.

Le processus n'est pas une transformation de "rien" vers le corporel.
Mais bien un "dédoublement" de l'Esprit en Corps et Esprit.
Car le "rien" originel est toujours là derrière le Corps créé.
Et les réalités immatérielles premières sont toujours là comme fondement imperceptible des nouvelles entités.
Le corporel, une infinité de réalités matérielles, est bien l'état double de l'Esprit.

3. L'univers.

Ainsi apparurent les univers, et L'Esprit toujours présent en tout.
Si l'univers contient effectivement en lui des parcelles de l'Esprit originel, et qu'il est lui-même partie intégrante du Corps, l'univers reste matière sans âme... du moins à sa naissance.
Par les forces qui le composent, qui font bouger planètes et galaxies, l'univers meut mais ne vit pas. Dans le sens où il ne pense pas et "ne se réfléchit pas".

3.1 La Vie dans l'univers.

Ce qui caractérise la Vie, c'est la capacité de penser, tel L'Esprit.

D'évoluer, de créer, de progresser vers un but, un avenir. D'évoluer vers le meilleur, car c'est de ce meilleur qu'est l'à venir de l'humain, afin que l'humanité puisse rejoindre la Source dans l'état originel.

Sans cette finalité tendant vers le bien, l'amour, la compassion, la bonté, l'Homme serait incapable de réintégrer son état primordial.

Parce que l'Esprit ne l'accepterait pas.

C'est en l'Essence même du devenir.

Il y a confrontation de vérités pour savoir si nous sommes capables de retrouver notre place comme réalité fondamentale, qui est celle permettant la vie supérieure de continuer, la vraie Vie.

Si du départ à la fin, l'humain n'a pas suffisamment évolué pour devenir meilleur, dans la perfection, il serait incompatible avec la Source.

Etant incompatible avec l'Etat d'ETRE, il sera "rejeté".

C'est notre destin universel.

3.2 Le futur universel.

L'univers n'est pas une finalité en soi.

Il est seulement là pour donner forme et fondement au vivant. Il est matrice.

Mais son gigantisme est étonnant quand on réalise la petitesse de la terre.

De l'utilité de l'homme, il faut bien considérer son rôle en l'Esprit : perpétuer la vie, spirituelle.

D'une part, assurer la continuation de l'humain, d'autre part, achever son devenir et son à venir afin de rejoindre L'Esprit.

En vérité, l'humanité n'a pas pour rôle, outre son propre état, d'achever seulement son existence terrestre dans les préceptes enseignés, mais de cette finalité elle doit contribuer à la continuation de la Vie supérieure, Celle de L'Esprit.

Il est donc apparent que, compte tenu des rapports de dimensions entre la planète où nous évoluons, et l'éternité de L'Esprit, ne serait-ce que notre univers, l'humanité n'est pas pour l'instant suffisante pour remplir sa mission.

En ce présent, nous ne sommes qu'au tout début de notre humanité.

De deux choses.

Soit nous sommes seuls dans notre univers et nous aurons à tout accomplir.

Soit il existe d'autres pensants, avec nos capacités, et nous serons multiples pour assurer cette tâche.

En tout état de cause, cela nous mène à réaliser que "servir L'Esprit", suivant sa volonté, dans l'immensité de son éternité ou de notre création, dans l'optique de Sa Réalité, nécessite de l'homme qu'il se réalise d'abord, ensuite qu'il se projette dans la création pour développer une présence spirituelle qui soit vraiment à l'échelle de L'Esprit.

Autrement dit, la place du pensant n'est pas sur terre ou seulement sur une autre planète, mais bien dans l'immensité.

Car l'homme vient, de par sa naissance, de l'univers, il doit donc y retourner, et l'occuper physiquement et spirituellement.

C'est quand il aura accompli cela qu'il commencera réellement le processus de son devenir.

4. L'Homme.

Il est oeuvre de L'Esprit pour Le servir, ainsi que servir son humanité.

Comprendre le tout nous permet effectivement de voir que notre utilité ne se résume pas au vécu simple du quotidien.

Notre destinée, suivant l'Esprit, est dans l'immensité de l'univers.

La création n'a autre but que de perpétuer le pensant, l'état spirituel, qui est celui vrai de toutes choses.

Le spirituel est éternel parce qu'il est vie en soi. Mais ce qui le caractérise encore plus, c'est la pensée. Et sans elle, l'esprit ne s'exprime plus, ne vit plus.

Pour que l'esprit pense, il lui faut un fondement alerte et dynamique, un "corps" vivant.

C'est là les réalités fondamentales et immatérielles, imperceptibles et vivantes, sur quoi repose l'Esprit, qui assurent un "Corps" primordial Lui permettant de se réfléchir et de penser.

L'Homme éternel s'intégrera donc à la Source, et sera son fondement.

Il sera esprit en l'Esprit. Et deviendront Un.

4.1 Le devenir : la vie éternelle.

De notre ressemblance avec L'Esprit nous pouvons dire que l'éternité de l'homme ne se repose pas sur le corps. Cela si nous saisissons justement la réalité.

L'Esprit est originellement Esprit, l'état humain primordial aussi.

Il est en notre univers Corps et Esprit, l'homme également. De la Source et de la création nous voyons qu'il n'y a que l'Esprit qui soit "permanence". Le "Corps" n'existe que quand il y a création.

La vie éternelle est donc bien en l'Esprit et par l'esprit. En chaque homme, nous comprenons bien que le corps naît et meurt.

En l'humanité, nous saisissons que la vie est elle-même impermanence.

Son espace corporel est proprement lié à l'univers qui naît et meurt.

En définitif, c'est bien l'esprit humain qui assurera la vraie éternité en intégrant ou en réintégrant la Vie, quand la fin des temps, la fin des mondes arriveront.

La vraie vie n'est donc pas en la matière, qui n'est que le double de l'esprit.

La vraie vie, éternelle, se trouve donc dans cette autre réalité originelle, imperceptible pour l'humain. Mais où tout vit par lui-même, sans "corps", sans fondement.

Ainsi sera l'homme quand il sera définitivement en Source.

4.2 Le présent humain.

L'humanité n'a pas le même destin que l'homme qui la constitue.

Dans le sens où son existence propre est amené à rejoindre L'Esprit, alors que l'humain, l'entité individuelle, peut tout-à-fait perdre son caractère d'éternité, s'il tend vers le mal qui l'entraînera entièrement vers la déchéance, vers sa fin. Si l'esprit peut survivre au corps, si l'esprit peut devenir éternel, il peut également mourir.

Ce n'est pas lui qui décide de son éternité, mais bien l'Esprit qui est en toute chose. Et qui gouverne donc chaque réalité, chaque entité.

Et L'Esprit dont les qualités principales sont le bien et tout ce qui tend vers ce bien, sait parfaitement estimer la vérité en chacun. Il voit et juge.

Des âmes irrécupérables Il les laisse aller, des autres Il prolonge la vie, des justes et purs Il en assure l'éternité. Ainsi il y a bien Jugement par L'Esprit.

Dans ce présent, l'homme n'est nullement abandonné à lui-même.

Sinon l'humanité ne pourrait se survivre.

L'Enseignement est bien là pour nous permettre de combattre l'adversité et d'évoluer vers le meilleur. La perfection ne se jugera qu'à la fin.

Tant que l'homme voit clair, se préserve de l'obscurantisme malfaisant, il garantira sa continuation, et son spirituel.

Mais il faut aussi qu'il réalise le rôle tout aussi essentiel du corporel.

L'humanité ne peut assurer son devenir et son à venir que si elle mène à terme son existence dans la création même, dans l'univers.

Une fois ce présent accompli, c'est donc vers L'Esprit qu'il faudra se tourner.

4.3 La femme.

Tout est Un, Un deviendra tout.
Ainsi sont venues création et humanité.

De l'homme et de la femme nous sous-estimons beaucoup trop les qualités féminines dans sa contribution pour notre évolution.

Outre le quotidien inestimable des apports féminins, deux états supérieurs de sa réalité sont indispensables.

L'un concerne la nature humaine spirituelle. C'est seulement dans la plénitude homme-femme confondue que se révèlera totalement l'être humain. En cela, l'état Un de cette dualité réunie, est le fondement spirituel qui permettra à l'humanité de continuer son évolution vers le meilleur.

Tant que la femme est sous-considérée, exploitée et non-reconnue pour ce qu'elle est vraiment, le double complémentaire de l'homme, l'humanité ne progressera pas de façon satisfaisante, parce que justement l'"être", "humain", demeure incomplet.

L'autre est la non-reconnaissance de la vraie nature de la femme par rapport à L'Esprit.

En cela, il faut comprendre que L'Esprit est Vie, la femme donne directement la vie. Elle est très proche de l'état primordial, plus que l'homme en tout cas.

Ce qui donne et perpétue de manière directe la vie, par sa chair, ou par l'esprit, est "élément" fondamental dans la Loi, dans la vérité.

La Loi est la Vie.

La vérité est "Tout est Un, Un deviendra tout".

De la Loi et la vérité, c'est bien la femme qui en est le plus proche dans le genre humain.

Et bafouer cette réalité est non seulement une perversion du vrai, mais c'est surtout renier L'Esprit dans sa vérité, la Vie.

Les hommes, de toutes croyances, se doivent de réfléchir sur le rôle essentiel de la femme, corporel et spirituel, dans toute société, toute communauté.

Vis-à-vis de L'Esprit, pour suivre correctement sa Volonté, il faut qu'elle retrouve pleinement sa place afin que l'unité spirituelle homme-femme redevienne vraie, comme à l'aube de l'humanité.

Ne pas le faire, c'est se tromper et mentir dans la pratique de sa foi.

Et vivre dans le faux mène inexorablement l'homme à sa perte, l'humanité vers sa non-réalisation.

Aux hommes de s'améliorer pour s'éveiller et retrouver la Source.

5. L'Esprit.

La création est bien l'oeuvre de Vie.

Aucun élément d'éternité ne peut créer l'univers à partir de "rien".

Aucun, sauf la Vie.

Partant de "rien", il n'y a que la Vie, pensante, qui soit capable de transformer l'immatériel en réalité corporelle, ce processus qui ira jusqu'au big-bang, second processus qui évoluera vers une autre forme pensante, une autre vie, l'humanité.

Par la suite, l'homme fait à l'image de L'Esprit, avec qualités de penser et de créer, doit par son existence développer la vie dans la création toute entière, afin que la vie soit en tout, se trouve partout.

Le spirituel, nature vraie et fondamentale, autant pour l'homme qu'en L'Esprit, s'établira là où le vivant est

inexistant, et contribuera à transformer la matière en "éléments" vivants, comme avant la création.
Ces vies réintégreront en fin l'Esprit originel, et contribuera à sa continuation, à son éternité.

6. Le message.

Croire en L'Esprit garantit notre destinée "vers" notre humanité et notre éternité.
Il est notre Origine en Corps et en Esprit.
Nous sommes son devenir en la création, et devons étendre la vie afin de perpétuer l'Etat supérieur. C'est notre ascendance vers la perfection qui assurera notre bonheur tout en réalisant pleinement notre vie.
Savoir comprendre sa Volonté inscrite dans l'Enseignement et le Tout, est la condition première de notre évolution. Savoir l'accomplir, est notre mission ici-bas.
Ainsi est la finalité du pensant : servir l'humanité, servir L'Esprit.
Afin d'atteindre la plénitude dans la totalité de la Loi, la Vie.

L'Esprit et la Vie

Partie 4

Nous sommes la vie.

_____

1. La Vie.

A n'en pas douter, seul être Un permet de voir et de comprendre la nature des choses.
C'est donc bien les "Deux", qui se témoignent en Un seul.

Mais où va donc la vie à courir monts et vallées pour que l'humain ne cesse de se regarder, en soi, pour ne finalement constater que son état impropre ?
L'homme regarde-t-il avec les yeux et le coeur, mais sait-il voir avec l'esprit ?
Cet esprit qui lui est donné pour comprendre et voir à travers son aveuglement, traverser son brouillard, et enfin parvenir à la lumière ?

Il est pourtant dit que l'obscur ne saurait être.
Il est cependant enseigné Savoir et Essence.
Le tout, le nous, le qui, de l'humanité à l'homme, de l'humain au pensant, du pensant au croyant, tout être, toute entité qui se regarde, en tout, en nous, ou en Lui,
se doit d'approfondir son état pour découvrir ce qu'il est vraiment.
Et ce qu'il est, en finalité, "c'est L'Esprit, c'est la Vie".

L'Esprit en l'homme, la Vie en soi ? Alors il faudrait aller de la forme jusqu' au fond pour La voir, ainsi que Lui.

Voir et comprendre le tout.

1.1. L'autre et le soi.

Tout état identitaire et d'entité, ne saurait Etre que s'il vit, et est.

Toute entité ne peut exister que si elle se mesure justement avec le non-soi, et être en soi.

Extériorité et personnalité, sont les conditions nécessaires à toute forme de vie.

Non-soi, et soi, sont les deux fausses confrontations de sa réalité en L'Esprit.

Nous sommes Un en L'Esprit, et ne pouvons prétendre être seul en notre vérité, en notre réalité.

1.2. Le rapport d'interdépendance : être lié à autrui et toutes choses.

Je suis avec.

La vie n'est jamais perdue car elle ne saurait alors être.

Pour que nous puissions affirmer notre état, il faut commencer par vivre. Et vivre ne peut en aucun cas signifier "être en soi".

"Etre en soi" est la réalisation de son entité, veut dire "je suis".

Vivre, c'est l'interdépendance des phénomènes, permet d'aller vers les autres, les aimer, réaliser l'unité de tout, c'est être en L'Esprit. Que ce soit en chacun, ou entre chaque être et tout autre, toutes les choses sont ainsi liées.

Le lien est nécessité, le lien est condition, le lien est synonyme de vie.

Le lien renvoie du tout au soi, en son existence intime.

1.3. Le soi : je suis.

Etre en soi, c'est affirmé son indépendance vis-à-vis de L'Esprit ?
Peut-être !

Ou peut-être pas. Cela est dans la liberté offerte. Car nul ne saurait se réaliser, s'il ne se rend compte de ce qu'il peut être et est, devenir et remplir la tâche qui lui incombe.
"Je suis" est permis et voulu, mais cela ne signifie pas du tout vivre dans son égoïsme et par son ego.

"Je suis" est le propre de toute entité, dans le sens de la création allant du tout vers le Un, ... vers la pensée finale.
"Je suis", c'est vivre en soi, c'est Etre.

1.4. La dualité du soi et du non-soi.

Nous voyons donc une intime interdépendance entre le tout, entre L'Esprit et chaque chose, entre L'Esprit et chacun de nous.
Chaque entité, vivante ou pas, pensante ou pas, révèle deux conditions absolument indispensables pour elle-même.
D'une part, il lui faut vivre.
D' autre part, il lui est assuré d'être.

La vie est cela : "Vivre", et "Etre".
Les deux vérités qui permettent d'Etre.
Ainsi, nous saisissons mieux le pourquoi d'une humanité harmonieuse, d'hommes bien intégrés dans son environnement, d'intelligences qui non seulement se

respectent, mais qui aussi conditionnent son existence en bon rapport avec toute autre chose.

Car chaque homme ne peut être que s'il sait d' abord vivre, pour finalement Etre.

Ainsi se déclare l'expression d'une unité supérieure se répercutant de l'immensité jusqu' au tout petit, l'espèce humaine, ... voir jusqu'à l'infiniment petit, le quantique, ... jusqu'à l'invisible.

2. La transmission de la vie.

"Je suis la vie".

Y-a-t' il réellement une transmission quand je sais cela ? De point de vue humain, la procréation est plutôt une forme de création, et de devenir.

De point de vue fondamental, nous pouvons également dire qu'il y a création, mais aussi évolution d'une certaine réalité vers une autre réalité, donnant entité.

2.1. La source.

L'origine est l'Esprit. Mais où est la finalité ?

L'Esprit nous a créés, univers et humanité, matière et corps.

Au départ il n'y avait "rien". "Rien" dans le sens autre de la matérialité, et cependant pensant.

L'Esprit est-il donc Esprit d'une vie immatérielle ?

La Source est-elle donc totalement rien ?

Source de notre état, sans doute. Mais notre état universel n'est que minuscule, même si immense, face à la réalité éternelle.

Ce que nous disons Corps, la Création, l'univers, n'est qu'Un, perdu dans une matrice supérieure, parmi d'autres univers. Si nous parlons de Corps et d'Esprit, dans notre cas, nous pouvons aussi le dire de ce qui est autre, au-delà. L'Esprit au début de toute chose est "rien", mais Lui-même, dans son éternité, est réellement Corps et Esprit, si nous Le comparons à notre compréhension de la matérialité, et Esprit Un, si nous le voyons dans son intimité réelle.

2.2. Les créations.

Si Source est Un, nous pouvons parler de créations multiples, dans un Esprit Un.
Notre univers est parti d'un état fini, une singularité, "un point", et même s'il est devenu après le big-bang immense, il ne saurait être éternel, ni unique.

Mais l'univers est-il l'aboutissement de la transmission de vie, par son état, par son caractère élémentaire ? Difficile de le suggérer quand nous savons L'Esprit pensant, et éternel, dans l'espace infini comme dans le spirituel indéterminé. Encore plus si nous commençons à comprendre que le dimensionnel ne saurait se reposer sur les lois et les limites déjà observées de notre univers.
Qui dit limites dit aussi (?) frontières.
L'univers est-il limité, fermé sur lui-même ?
Si nous suggérons une autocréation à partir du néant, peut-être ?
Seulement dans le sens où cette réalité universelle, venant d'on ne sait où, le rien (?), le néant (?), s'est soudain proclamée entité pour devenir univers.

Cela si nous laissons croire en une science raisonnable définissant le néant.

Mais si cette science dit clairement que le "rien" originel n'est nullement néant, mais immatérialité, alors nous sommes amenés à entrevoir que ce "rien", substance subtile, appartient déjà à une matrice autre bien au-delà de notre univers.

La création n'est donc pas venue toute seule, mais découle d'un processus de vie ... comme la procréation.

Seulement, si nous signifions L'Esprit comme l'Origine de ce processus, il faut également donner réponse au modèle de vie établi en l'éternité.

2.3. Le modèle de vie, éternel.

Aller voir la Vie en l'éternité, et pas uniquement en nous, c'est cela qui nous fera rejoindre L'Esprit.

L'Esprit est tout. Et Il est Vie.

L'homme, l'humanité, notre pensant, n'est qu'une infime partie de Lui.

L'enseignement de vie nous est adressé pour que, en tant que pensant, nous comprenons au-delà de nous-même, de notre vivant.

Au départ est l'Esprit, immatériel et infinitésimal.

Après est Corps et Esprit, matériel et universel.

La vie suit son cours, parce que L'Esprit Est, de l'existant immatériel jusqu' à nous. Elle est partout, elle est en tout. Elle est en L'Esprit.

Croire que la vie ne se découvre que dans le vivant, homme, animal ou plante, est notre vision très personnelle.

Notre réalité vivante, pensante ou pas, est clairement génétique. Mais derrière ce modèle, nous constatons très bien que la vie est dans le mouvement, l'échange avec l'environnement, et l'état d'être.

- Le mouvement n'est pas une nécessité mais un fait. Rien n'est immuable, ni l'esprit, ni le corps.
Il est l'expression de la vie.
- L'échange est vital. Aucune entité ne saurait être en elle-même, ni par elle-même.
Que ce soit l'animal ou la plante, le caillou, la galaxie ou l'univers, l'atome ou le "rien" quantique, tout vit en rapport avec le autre.
- L'état d'être n'est certes qu'impermanence, mais c'est lui qui est la finalité de toute création et évolution, en son temps de vie.

La création établit l'entité, qui est Une réalité, Une vérité, Un.

Ainsi l'homme vit grâce à son environnement pour s'alimenter, ... et avec autrui pour s'épanouir et procréer, ainsi la matière correspond avec son milieu pour donner lieu à d'autres corps.

2.4. Transmettre la vie.

Voir la vie évoluer en L'Esprit est toute la beauté de la création.
Mais où est l'homme dans tout ça, plus exactement où est le pensant ?

Nous voyons bien les réalités mouvoir, échanger et être, créer d'autres entités. C'est en notre monde.
Mais en L'Esprit, qu'en est-il ?

Où est donc ce commencement par sa Pensée, où est donc le rôle du pensant ?

Le fondement spirituel est la base de tout, mais cette substance subtile n'est que pierre à bâtir.
La pensée de L'Esprit est le moteur déclenchant le processus, mais n'est pas l'élément actif. Entre la Source qui pense pour créer, et le fondement, il y a le pensant, nôtre ou pas. Plus exactement il y a "notre pensée", pourvu qu'elle soit suffisamment forte, suffisamment pure. Pourvu qu'elle soit vitale, et porteuse de vie.
La force de la pensée aboutie est dans son expression même, créative de vitalité, de substance quasi-identique au fondement, mais bien plus puissante et utile, bien plus vivante.

Le rôle du vivant pensant, l'homme, ou toute entité créée à l'image originelle, est de contribuer à perpétuer la vie, d'abord la nôtre, ensuite protéger les autres formes, ... et finalement être utile à la création même.

Il y a ainsi le fondement de construction, et les éléments vitaux créés à partir de la pensée juste et pure. Ce sont ces éléments vitaux qui vont mettre en mouvement le "rien" fondamental, l'activer, pour qu'il devienne big-bang et univers.
L'humanité grandissante et universelle, le pensant à l'image de L'Esprit, est là pour transmettre la vie, et la servir.

3. Etat fondamental de Vie.

Il est indispensable à chaque phénomène, à chaque homme, d'être bien en son milieu pour affirmer sa réalité. C'est du domaine visible.

Nourrir son ventre, c'est garantir son corps, enrichir son esprit, c'est le maintenir alerte. Sans l'un et l'autre, l'entité se diluerait, se perdrait.

Sans le contact permanent avec son milieu et avec autrui, il ne saurait y avoir d'humanité, d'être humain.

Avec le autre, le tout, l'homme se réalise, et devient Un en son fort intérieur. Le soi se découvre, le soi Est.

S'ouvrir, se réaliser.
Vivre et Etre.
Deux choses assurant la vie.

3.1. La réalisation de soi.

Qu'y a-t' il donc de précieux en chaque être ?
La solidité de son corps ? La grandeur de son esprit ?
Savoir comment assurer son existence, sa descendance, dans le bien-être et le bonheur ?
Devenir meilleur dans son humanité en s'élevant vers le bien, en soi et envers tout autre ?
Assurer son éternité et rejoindre L'Esprit ?

Oui, c'est dans l'enseignement. Il faut le suivre car c'est pour notre salut.
Ne pas le comprendre ou insuffisamment, c'est se rendre aveugle inutilement, et se perdre corps et âme.

Mais jusqu'à où va la compréhension de la vie ?
Il y a le soi, l'éternité et L'Esprit à rejoindre.
Et il y a l'Esprit, ce qui nous fait Etre.

3.2. Etre, fondamentalement.

Au fond de toute chose, il y a l'Esprit.
Nous savons que la matière est créée à partir de "rien", une éternité de réalités infinitésimales immatérielles, qui bougent, s'assemblent, se dédoublent ... vivent et changent d'état.

C'est le principe de vie, identique à nous-même. C'est dans le modèle universel.
Tellement identique, à quelques exceptions près, que nous pouvons presque sentir et palper l'invisible.

Une réalité immatérielle vit, et est, exactement comme l'infiniment grand, comme l'humain.
Mais à cette échelle, si petit et invisible, nous dirons plutôt s'ouvre et se referme.
S'ouvrir, c'est se déployer et entrer en échange avec ses semblables, pour se transformer, en plus grand, en plus petit, ... ou pour se dupliquer ...
Se refermer, un peu comme l'homme à la recherche de soi, c'est être, affirmer un état, se réaliser comme entité propre.
A ce moment là, l'immatérialité prend corps, devient matière.

3.3. Le fond et la forme.

Cela se justifie toujours dans la nature des phénomènes, que nous parlons d'être humain, d'esprit et de corps, ou de matière et d'immatière.
La matière reste l'expression de l'immatériel.

Le fond est l'esprit, réalité immatérielle qui change sous différents états.

La forme est cette même réalité immatérielle quand elle "se replie" sur elle-même, et "réalise sa matérialité".

A ce moment là, l'infiniment grand que nous sommes, y avons accès, peut le juger, mesurer son existence, parce que c'est sous cette forme-là que nous sommes, l'état de corps.

"Nous" sommes des formes de vie, du visible à l'invisible. Mais cette forme est bien une réalité quand elle s'affirme pleinement.

Le principal pour nous est de savoir quelles formes nous sont nécessaires de connaître parce qu'actives et vitales. Celles qui mettent en mouvement les autres, qui les construisent, qui donnent vie.

A partir de cela, nous saurons utiliser le fondement spirituel pour nous étendre vers l'infiniment grand, et rejoindre la Source.

C'est dans le destin humain, tout est fait pour que tout devienne Un, c'est en L'Esprit.

Le chemin qui mène à notre Origine, c'est le destin de l'humanité.

4. Le message.

Suivre la Loi, c'est être en L'Esprit.

Il n'y a pas de Vie autre que le chemin nous menant à Lui.

Ainsi est le bonheur garantissant notre éternité. Il n'y a pas de salut en soi, uniquement.

Savoir que tout est en L'Esprit, savoir que tout est en nous. Penser est à l'image du Tout qui donne vie. Nous sommes ici pour garantir sa continuité.

Il ne faut pas se refermer et s'enfermer. Il faut vivre et être.

Il faut réaliser naturellement notre devenir, nous étendre vers l'immensité et assurer notre à venir.
Le penser juste, le vivre juste, le savoir être, tout cela nous est donné pour l'accomplissement de nous-même.
Et notre chemin, c'est L'Esprit.

L'Esprit est le chemin de notre salut.

L'Esprit et la Paix

Partie 5

"Soyez-en paix."
"Que la Paix soit avec vous."

––––––––––––

1. L'amour.

"L'Esprit est amour" est sans doute la vérité qui nous lie le plus en Lui.
Et les hommes se mettent à désirer cet amour comme l'enfant son père. D'un oeil ils se regardent comme faisant parti d'une même famille (?), de l'autre ils scrutent les cieux pour chercher le Créateur.
L'humanité sait qu'elle vient d'une même lignée, dont les origines remontent au-delà de sa perception. Que son origine proche soit de corps, ou que le lointain se perd dans l'immatière, il n'y a pas à se tromper, elle a pour Source la Vie qui est en tout.

1.1. Le lien d'amour.

Nous aimons notre prochain, celui qui nous convient ?
Nous n'aimons pas celui autre, celui qui ne nous ressemble pas ?
Par cela, nous ne sommes ni en vérité, ni juste en l'esprit.
Notre semblable est plus que le frère génétique qui nous rassemble dans le monde, plus que le frère "social qui nous divise (?)", plus que ...
Notre frère (et soeur) est toute une réalité de vie où doit nous mener l'amour.

Et ce lien est une nécessité, que nous le disons spirituel ou corporel, pour nous assurer un destin.
Et il est une réalité qui nous projette dans le devenir et l'à venir. Parce que ce qui nous attache à notre environnement et à autrui va modifier notre comportement dans l'évolution du monde pour permettre la création (vie), tout comme ce qui nous attache à l'âme soeur va entraîner la descendance.

Au-delà de l'humain, il y a un amour plus grand qui nous lie à L'Esprit. Celui qui nous fait réaliser que nous provenons d'une Source, pas de chair mais d'esprit.
Qui nous lie à Lui dans l'espace et le temps pour nous dire qu'Il est notre Créateur, sans Lequel nous ne serions pas là, sans "Qui" nous ne serions pas des pensants, car Lui-même est Pensée, de la pensée du Spirituel capable d'entraîner la vie, tirer celle-ci du néant pour se justifier dans son éternité.

Au-delà de l'humain est une autre vérité, qui fait de l'amour un lien encore plus grand, et plus puissant, entre toutes les réalités, pensantes ou pas.
Parce que celui-ci met en oeuvre le fondement même de tout.

Le lien, est ce qui unit, et en même temps ce qui permet, permet la Vie.

1.2. L'amour en L'Esprit.

Il n'y a pas véritablement à expliquer ce que savent déjà les hommes. Que l'amour est le moyen d'assurer sa continuité dans le bien-être pour tous.

Nous le savons, mais nous l'oublions... parfois. Peut-être trop souvent pour laisser s'installer la perversion. Il est alors bon que tous se le réapproprient, et agissent dans la convenance, dans le respect et l'amour du prochain.

Mais l'amour en L'Esprit est plus subtil, dans le "subtil" de l'Esprit, qui fait que notre croyance n'est pas seulement dans la confiance en Lui, uniquement dans notre attachement humain suivant notre conception du père, ...

c'est l'état de plénitude faisant conscience, et volonté de réaliser l'unité par le lien, réel, qui fait que le tout, d'une matrice donnée, d'une dimension donnée, soit dans la disposition idéale afin de donner la vie.

Nous ne parlerons alors plus du restreint nôtre, mais d'une réalité d'éternité évoluant à travers l'absolu. Le pensant est alors dans l'essence existentielle, et la pensée en l'Esprit.

1.3. Amour et paix.

Il ne peut y avoir de paix sans amour, du moins suivant notre condition. L'un doit mener à l'autre. Le commandement et précepte d'aimer n'est pas seulement pour ordonner bien-être et continuité. C'est son "approfondissement dans le spirituel" qui fait concrètement nous intégrer à la Vie. Et si entre temps la relation d'amour instaure la paix, c'est pour mieux permettre à l'esprit sa réalisation.

L'Esprit est Un, et l'humanité redeviendra Un.

Amour et paix vont parfaitement ensemble, les deux feront de l'unité une réalité, et concrétisera l'espérance.
L'homme sait aimer son très proche comme lui-même, mais quand il prendra en considération tous les autres à leurs justes valeurs, c'est-à-dire à leurs valeurs de vie, alors l'amour deviendra vrai, et non plus le vague sentiment du devoir (humain) accompli une fois qu'il aura jeté un soupçon de pensée dans leurs directions. Cela n'est pas l'esprit de l'Enseignement.
"Aimer son prochain comme soi-même",... est dans l'acceptation d'autrui, comme soi-même, et davantage, "des deux se fondant en une seule entité", afin que la paix soit réelle, et que tous puissent pleinement s'épanouir,... et créer les conditions de vie à venir.

L'amour est l'état nécessaire entre semblables, et c'est "de la Paix que jaillit la vie".

2. Paix.

2.1. La paix des hommes.

"Que la paix soit avec vous".
Ce don de paix se perd dans la brume des habitudes...
Et pourtant, le fait de le dire à son prochain rend certainement cette paix la vérité la plus exercée, et accomplie (?), en l'humanité.

Ce n'est pas un hasard.
Offrir sa paix, réellement, nécessite que l'auteur soit déjà en cet état.
En faire don communique cet état à son prochain pour qu'il soit également dans cette même harmonie.

Le recevoir, l'accepter pleinement, se mettre en cette paix, rend tous deux Un.

Si tous les hommes en font ainsi, c'est l'humanité Un qui en découlerait.

2.2. Volonté de paix, volonté de Vie.

L'Enseignement est révélé, Il doit être donnée, donné à son prochain.
L'Enseignement est universel. Cela veut dire non réservé à une communauté.
Du devoir du croyant (pensant) est donc de la transmettre.

Mais "ce qui doit être transmis" n'est pas en la volonté du croyant, ni sa façon de s'approprier cet enseignement.
Des croyants, en faire "sa" communauté, vouloir la privilégier, est dans l'esprit d'unité, devant tendre vers l'universalité.
Dans la juste manière de Le transmettre montre toute la difficulté de la tâche, le croyant subissant ou pas son égoïsme, et son ego.
Dans la façon de le faire s'accomplit ou pas la volonté de L'Esprit, la Paix.

C'est ainsi qu'il faut méditer la notion de conversion et d'acceptation, la comprendre pleinement afin de réaliser sa Pensée.
Il est dit d'apporter l'Enseignement à toute l'humanité, de convertir les hommes à Lui ... de convertir à Sa Paix.
Cela veut dire que "l'acte de conversion n'est pas, dans l'absolu, religieux", mais "tient de la pensée de vie". Ce n'est pas convertir en une religion.

Même si dans la réalité humaine, cela en découle. C'est en l'esprit que cela doit s'accomplir, dans l'esprit de paix, dans l'Esprit originel.

Concrètement, cela veut dire convertir l'essence de l'être, du prochain comme de soi-même, en la Paix absolue.

En une Paix qui est plus que le sentiment humain de compréhension, voir même d'acceptation mutuelle, de bien-être.

C'est "convertir" pour que les hommes, leurs esprits, soient en un seul état fondamental, la Paix essentielle, l'Harmonie parfaite...

et cela ne peut se faire par obligation physique ou spirituelle, mais en toute liberté, qui seule peut conditionner l'esprit de chaque être en l'état UN.

Parce que c'est le pensant qui ordonne son propre fondement spirituel pour le mettre dans un état autre, la Paix universelle.

La volonté de paix est celle de L'Esprit, pour que la vie soit. Et doit tout autant être celle des hommes, pour garantir son destin.

2.3. "Soyez en paix."

Etre en paix et vie sont deux réalités interdépendantes, au-delà de ce qui est dit pour la paix des hommes.

Si nous pouvons pressentir un lien en sa paix intérieure agissant sur le corporel, pouvant conditionner son comportement pour un plus grand bien-être, c'est dans la globalité que le phénomène se révèle le plus vrai.

Dans une communauté, société, nation, ..., il est important que le peuple soit en harmonie pour que la vie se déroule sans heurt.

Pour l'humanité, cela l'est encore plus pour éviter les tensions, les violences et les guerres.
Dans un cas ou l'autre, la paix apporte la prospérité, le bonheur,... le développement de la vie.

Peu à peu, nous saisissons davantage son importance.

Mais que représente donc sa force ? A quoi ça correspond ?
La paix dite, dans la perception humaine, est plus le recueillement spirituel "permettant la pensée", et un certain état physique en relation.
A travers cela, nous supposons que la réflexion qui en découle entraîne tout naturellement la capacité de mieux faire.
Cela est juste, dans l'usage de l'esprit pour ajuster le corps.

Et derrière cela, il y a en cet état le conditionnement du fondamental pour mettre en mouvement l'essence de l'être.
Dans notre monde, la conséquence est l'extension de la vie.
Dans l'absolu, la conséquence est la création des univers, et autres matrices.

2.4. Harmonie.

L'amour mène à la paix, qui est harmonisation du fondement.
Le fondement est une éternité de réalités qui tantôt deviennent Un, tantôt deviennent multiples.

La vérité est "Tout est UN, Un deviendra tout".

Harmonie est Un, multitudes est vies. Les deux en sans cesse devenir pour que la Vie soit.

L'harmonisation crée un état UN à partir de la multitude, qui sont tous dans un même état spirituel, qui se retrouvent tous liés les uns aux autres.
Elle devient ainsi une force de vie unique d'une puissance concentrée phénoménale d'où jaillira la multitude.

Ainsi est la création, l'univers devenant humanité, l'immatériel devenant matière et esprits.

Les pensées s'ajustent pour étendre la vie. Des vies viennent d'autres pensées, qui vont redevenir Source, revenir en L'Esprit.

La Paix n'est donc pas une fin, en soi, mais un moyen de vie, et l'harmonie, le prélude à un autre commencement.

L'Esprit est Paix, et Vie.

3. Esprit et pensée.

L'Origine est Esprit, et Tout.
Esprit dans sa nature fondamentale, le tout révélant le double corporel, forme du spirituel.

3.1. Le pensant.

Nous sommes des deux, esprit et corps, tenant de L'Esprit notre réalité.
Mais à la source, nous étions d'esprit, et au retour, nous le serions toujours.

La pensée est la faculté la plus précieuse qui soit en nous. C'est elle qui nous pousse à nous préserver, et à nous assurer un destin.
Par là, nous garantissons la continuité de l'humanité, de son esprit... fondamental, et de la pensée.

Autrement dit, c'est la pensée qui se préserve, et en s'étendant, développe ce qui justement est fondamental, le pouvoir actif de l'esprit.

Si l'essence est en tout, c'est la pensée qui agit dessus, la transforme jusqu'à la mettre en mouvement suivant un but précis : créer d'autres vies, maintenir la vie.
Elle a ce pouvoir parce qu'elle-même est de nature spirituelle.
L'homme ne serait rien sans son esprit et sa pensée.
La chair a ses limites, c'est l'Esprit qui vivifie.
"Vivifie", en activant l'essence et en permettant la Vie.

3.2. Destin et destinée

Sont liés en l'humanité pour instaurer la pensée en l'univers.
Il n'y a aucune échappatoire, sauf à retourner au néant.
Tout acte sensé, raisonnable, nous pousse et nous oblige à vaincre l'espace.
Toute volonté de préservation nous fait répandre la pensée.
Tout ce que nous ferons pour échapper à notre condition nous conduira à créer davantage la vie.
C'est cela notre destinée.

Jusqu'où ?

Jusqu'à ce que le "poids de la pensée" soit suffisant, pour mettre de nouveau en mouvement tout un univers.
Ainsi est notre tâche en ce monde : préserver la continuité de la Vie.

3.3. L'unité primordiale.

Nous pouvons parler de la volonté humaine de comprendre comment sauver l'humanité dans les pires situations, notamment s'entendre pour résoudre l'insurmontable, recréer l'unité pour vaincre l'adversité.
Cela est juste, mais il faut remarquer que la réalité humaine ne fait que coïncider avec toutes formes de vie, qui fait que chaque entité vit en soi et avec le tout autre.
L'humanité est une entité pareille.

Si l'unité pour certains est une difficulté insurmontable, cela n'est nullement vrai pour la globalité.
C'est la volonté non partisane reposant sur l'esprit de tous qui fera que tous se plieront à ce que veut ce tout.
Et ce que veut ce tout-entité, c'est ce que fait toute vie : vivre, en soi... et en non-soi.

L'humanité Un reproduit exactement le même schéma de vie qui existe en l'éternité : être, et vivre.
Ainsi, nous sommes Un, et redeviendront Un, par la force des événements, par la volonté de L'Esprit.
De notre côté parce que nous le comprenons, le comprendrons ainsi, de son côté, parce que nous en sommes les descendants (le devenir).

En tout cas, l'unité est essentielle.

4. Le message.

Soyez en Paix !
Répandez la Paix !

L'accomplissement en L'Esprit

Partie 6

---

1. L'ego.

C'est de là qu'est né le péché, qui nous a fait oublier que nous sommes le tout en Lui et non pas notre propre nous. C'est notre ego.

1.1. La vision du juste soi.

Toute entité en voie de réalisation se perçoit dans son unité comme finie (?).

Elle a du mal à contempler et saisir les liens de globalité absolue.

La nécessité de se construire pour parachever ce qui lui semble être une fin de vie, l'enferme davantage dans le développement de son ego, et négliger la place d'autrui.

Les deux faisant que l'être se réalise non plus en bon rapport avec le tout autre, mais uniquement en son égoïsme.

La vision du soi ne peut être que si le pensant voit son état présent en devenir, et également l'à venir qui lui est destiné.

C'est cette capacité à se dépasser et s'intégrer dans la globalité qui seule peut lui montrer qu'il n'y a pas de destinée, d'avenir, s'il est coupé de son environnement, si le lien est rompu, si la réalité de vie est effacée de son esprit, si les liens de pensées sont interrompus.

Le juste soi, c'est le soi parmi d'autres, avec les autres.

1.2. La juste perception du non-soi.

Le non-soi, sans son ego, c'est le Soi dans sa vérité.
Nous faisons alors parti d'une unité qui s'assume comme
vie et qui permet à chacun de vivre en harmonie.
Cette juste perception est condition de vie.

La mauvaise est de se voir... seul ! Ainsi la pensée d'un
tout n'existe plus et tous les autres non plus. L'être s'isole
de plus en plus en lui-même, et affirme sa priorité
d'élévation de son ego jusqu'à asservir le monde. Qui sort
alors de sa cohérence et va courir à sa perte.

1.3. L'enfer et le paradis.

Le mal et le bien dans notre réalité sont des
phénomènes d'ego, rien de plus, rien de moins.

Ils naissent de l'esprit ("corporel") et se propage dans la
réalité.

Le développement du mal instaure dans le corps et esprit
un état de souffrance qui, s'il est mené à terme, crée un
véritable enfer dont l'ultime issue est le néant. Parce que la
vie ne se développe plus, parce que la pensée se meurt.
Le mal est directement lié à l'ego, c'est un phénomène créé
par lui.

Le "bien humain" est lié à la source dont il est issu. Ce
n'est pas seulement celui de notre quotidien, mais surtout
la faculté pensante et non pensante de vivre pour se
projeter dans l'absolu, en L'Esprit. Projeter par la pensée

pour voir les causalités, déterminer par l'action, pour s'offrir cet à venir.

Le paradis est terrestre quand il repose sur notre environnement, et au-delà quand il touche le spirituel, en nous, ou d'ailleurs.

L'homme est capable de maîtriser sa condition pour éviter le mal, et transformer ses enfers en paradis.
Il est tout aussi apte à voir les fondements, pour se parfaire et s'élever vers la plénitude de la vie.
Il faut se regarder, dans la profondeur de son âme, pour trouver et maîtriser son ego, le mal qui en découle, et dans la réalité du Soi, pour saisir les dépendances et servitudes menant à l'instauration d'un système de vie autonome, établi par l'Ego, et combattre cet état de nuisance pour l'humanité qui nous fait retourner au néant.

L'enfer, c'est ce que le mal nous fait subir jusqu'à l'anéantissement de la pensée et de la vie, dans la Souffrance.
Le paradis, c'est ce que permet la pensée juste pour la continuation de la vie, dans les meilleures conditions possibles.

1.4. Le combat pour la liberté.

Il s'agit de voir et comprendre les liens.
Tout système d'ego se fait exactement comme la causalité dont il est issu, par l'interdépendance des phénomènes.
Seulement, si dans la vraie vie c'est le bon rapport humain qui fait toute sa valeur en permettant à l'humanité son épanouissement, en tout, dans un système autonome, cet

ensemble humain est assujetti pour le profit de quelques uns, qui le croient, mais finalement ne sert qu'une seule pensée égoïste. Et cet ensemble tend en fin à se perdre parce que coupé des autres réalités, dans le sens de non échange, dans le seul but du profit pour soi.

Voir cela est nécessaire pour rompre la dépendance, et cesser la soumission, pour instaurer un état justement établi pour que tous les hommes récoltent les fruits de leurs labeurs, et pas les illusions et tromperies où l'ego les place en esclavage, physique et mental, pour les exploiter à son seul avantage, et les entraîner dans la régression, vers l'inexistence.

- La liberté spirituelle est le premier pas pour éliminer la soumission, qui fait du pensant un dépendant de son ego, ou de tout mal extérieur.

- La libération de l'esprit est le deuxième pas permettant à l'humain de construire son propre avenir, en lui-même et en bon rapport avec autrui.

- L'esprit devient libre quand il sait que ses pensées et actes se conjuguent parfaitement avec ceux autres dans le seul souci du bien commun, avec pour condition véritable le bien-être et le bonheur de tous,... et surtout une perspective d'avenir claire pour sa descendance.

Le combat doit commencer quand la pensée est confuse, soumise à des tiraillements entre le mal et le bien, dont le seul issu visible est l'obscurité future, la certitude d'être injustement soumis à l'esclavage et l'incapacité de son propre choix.

Le combat doit commencer en son propre ego, et en concert avec d'autres justes pensants, pour vaincre le Mal qui nous entrave.

Le combat pour la liberté se fait partout, en soi et hors de soi. C'est seulement quand nous sommes sûrs que le système (en rapport) nous garantit un avenir que nous pouvons nous dire que nous sommes "libres" de lui (?).

La liberté ne se fait pas dans l'illusion des promesses. Elle doit se réaliser en notre esprit, qui voit sur quoi repose notre bonheur et celui des autres, qui peut cheminer à loisirs à travers d'autres pensées, tout comme nos promenades dans les champs et les forêts, ... la liberté, c'est quand "aucun autre" nous oblige à aller contre nous-mêmes, et contre nos semblables.

Il ne faut pas se tromper, se laisser tromper.

La non-liberté, corporelle et spirituelle, laisser le Mal aller à sa fin, mène inévitablement à la fin de l'humanité, de la Vie.

C'est en cela que le combat se justifie.

2. La découverte du soi.

Toute pensée englobante doit permettre la vision des liens d'équilibre établis en son milieu, de toutes les manières. Toute recherche du soi doit mener à la perception de son unité avec le reste humain, et le tout.

2.1. Saisir la pensée.

Se découvrir... par la pensée, car l'esprit est en lui-même le lien véritable avec le non-soi, avec la Source.

Parce que la pensée est l'outil approprié par son essence, que sa nature lui permet de se fondre avec toutes les autres réalités, fondamentalement semblables.

Elle nous donne la faculté, que ne possède pas le corps, de nous permettre en tant qu'entité de sortir du corporel pour explorer les autres vérités, et en même temps d'être en soi.

Il y a des choses que nous voyons tout le temps. Le problème n'est pas de voir, mais de savoir que nous les voyons, ce que nous voyons.

Constater que les parties appréhendées sont de nous-mêmes, mais en même temps peuvent appartenir à d'autres réalités.

Saisir que les pensées ne sont pas que des projections mentales du cerveau, mais des ensembles constitués que le cerveau produit, mais aussi reproduit.

Dans son fondement spirituel, une pensée représente toute ou partie du soi, et du non-soi.

Sa réalité, "immatérielle", est, "exactement", comme une réalité matérielle. Nous pouvons créer un objet, et le donner, ou transmettre son schéma de reproduction, tout comme créer une pensée, et la transmettre.

Ainsi nous voyons clairement que la manipulation du spirituel est en tout point comparable avec le corporel.

Et comprendre à travers ce phénomène que l'esprit est bien une réalité autre, mais tout-à-fait vraie.

2.2. Trouver l'esprit.

Le corporel est l'expression du spirituel dans notre monde, son fondement est l'esprit.

Dire cela est la constatation de notre état, général. Plus difficile est le discernement des réalités.

Si l'esprit existe, dans sa vérité, nous devrions pouvoir le trouver, concrètement.

Le problème reste que le mental, le développement et la projection de la pensée à partir du cerveau, du corps, inhibe le fondement.

Nous nous constatons une seule entité pensante, parce que nous vivons notre corps, uniquement (?).

Il faut donc "séparer" le corps de l'esprit.

Un travail "couramment utilisé (?)" est la concentration, la méditation, un autre la prière... en occultant le corps.

Une autre possibilité est de faire travailler les deux, en même temps.

La manifestation physique entraine de fait le contrôle par le mental, qui supervise le tout pour son bon fonctionnement.

Nous pouvons le constater facilement par les ordres cérébraux et les pensées qui y sont liés.

Si pendant ces événements nous laissons l'esprit "vagabonder" dans d'autres pensées, un problème familial ou un événement international, par exemple, et le laisser vivre ces moments, la réflexion en soi dans la conscience montre peu à peu allant vers la certitude de deux réalités de pensée qui existent simultanément.

Une mettant en œuvre le mental contrôlant le corps, l'autre en train de vivre d'autres pensées.

Par là, nous saisissons que le corps avec son mental est en notre monde physique, et l'esprit en tant qu'entité spirituelle est toujours présent derrière lui.

La méditation de plus en plus approfondie sur ce phénomène permet de voir l'esprit, voir qu'il existe vraiment,... "et s'en servir" (...).

2.3. Où est l'ego ?

Nous pouvons dire qu'il est en nous, en général, mais il faut dire que l'ego (le mal) n'est pas inhérent à l'homme, dans son essence.

Toute entité de vie nait intégrée au monde, et liée au Tout. C'est à la "constatation" de son état identitaire que le phénomène développe un semblant d'ego, pour la survie, et un ego véritablement affirmé quand elle ne se voit plus en bon rapport avec le reste.
Ou quand elle ne voit plus le reste, mais seulement qu'elle.

De là débute l'affirmation d'un soi "tout seul", et l'élévation de son ego au détriment d'autrui. Cela se réalise par l'asservissement de son milieu, pensant ou pas, pour créer un environnement à son seul profit, et devient peu à peu un système de vie autonome, non intégré.

L'ego se développe à partir de la pensée, et se propage. Ce qui est bon pour lui va vite devenir un enfer pour d'autres. Et si nous le laissons faire, il peut aller jusqu'à détruire le monde, annihiler toutes formes de vie.
L'ego nait d'un seul, mais par le fait de l'interdépendance des phénomènes, par le fait des agrégations, devient une globalité nuisible, Le Mal qui s'installe partout. Et par la perversion du vrai, en suggérant des pensées destructives de vie, volontaires ou pas, se retrouve en l'humanité même, pour sa perte.

C'est-à-dire la ramener vers le néant, et non plus son accomplissement en L'Esprit.

L'ego est en chacun. Et l'Ego est en l'humanité. Les deux se conjuguent pour neutraliser le bien et la vie... et finit par tout détruire.

C'est pour cela qu'il faut le combattre.

2.4. Le soi.

Si ego il y a, ce n'est pas lui qui est fondamental.
Notre essence vraie est en la causalité, et inhérente à la Loi. La Loi est la Vie, c'est le Bien qui entraîne la création, la multitude, l'humanité.
Notre fond humain est donc de vie, de bien.
C'est-à-dire que par notre vraie nature spirituelle, parce que nous descendons de Tout, de L'Esprit, saint, Pensant, nous sommes de qualités, et de facultés, capables de nous voir dans nos "réalités", discerner le bien et le mal, comprendre le fond des choses pour éliminer le faux, se projeter vers l'à venir, et se le construire.

Le soi est un tout pas toujours beau à penser, mais le soi n'est jamais seul, parce que lié à autrui et à L'Esprit, d'où il peut tirer force et pureté pour combattre et vaincre le Mal. Le soi vrai, c'est l'esprit qui vivifie, permet la vie.

3. La spiritualité.

Il faut vivre le corps, manger, travailler, s'entretenir, assurer sa descendance ...

et il faut faire vivre le spirituel, libérer l'esprit, penser la pensée,

...

en comprenant que notre fond et vraie nature reposent sur l'esprit, et que c'est par lui que nous nous enrichissons.

3.1. La méditation.

"Nous sommes tout le temps nous-mêmes", c'est-à-dire toujours dans le spirituel.
Il n'y a pas véritablement, à se forcer de façon inconsidérée, pour découvrir cette dimension, parce que c'est notre état fondamental.
Mais sans doute faut-il parfaire les choses, dans le besoin de perfectibilité et de pureté.

La méditation souvent prise pour un exercice de découverte, comme de cheminement, n'en est pas, dans le sens que cela ne doit pas l'être.
Tout comme la prière, la concentration, la contemplation, la pensée...
Dans le sens où l'être qui vit sa réalité, profonde (?), est "déjà dans le vrai".
C'est le savoir qui fait défaut. Et cela vient certainement du fait que l'homme cherche le bonheur par le corps, le plaisir immédiat et facile,
... plus que par l'esprit.

Cela dit, celui habitué qu'à ne vivre dans le semblant, parce que le corps est cela-même, l'expression du fondement, la forme, doit quand même se re-approprier sa véritable nature, par la méditation et autre.

Il y a donc lieu de saisir que nous pouvons méditer dans le calme et la sérénité, et le faire aussi dans des endroits moins adaptés comme au travail ou pendant la promenade, même dans le vacarme et le mouvement.

Et constater que "Trouver l'esprit" nous envoie bien aux vérités, au Tout.

3.2. Le pensant.

Nous sommes corps et esprit, et aussi en soi et non-soi. La "méditation" n'est pas seulement d'un apport bienfaisant pour le repos de l'âme, c'est un état intermédiaire entre notre réalité et le tout.

Si le méditant vit avant tout dans la pensée, par "oubli" du corps, il peut bien discerner les réalités, et voir cet état d'approfondissement.

Que doit-il appréhender ?

Sentir son état, ses états.
Le méditant ne vit plus son être comme d'habitude.
S'installe une impression de ne plus appartenir au monde.
En détachement, on sent le corps droit, on sent l'esprit droit. Le corps se redresse, et l'esprit aussi, comme si l'être s'ajuste au tout autre.
Et c'est peut-être bien ce qui se passe vraiment.
Le pensant se trouve alors dans la Conscience, en la Source. Sa réalité est en équilibre entre son unité et l'espace, entre le soi et le non-soi, entre le soi et L'Esprit.

Du processus de libération de l'esprit il tire la force, des liens les substances, la pureté,... les solutions ... à venir. Il est dans l'harmonie, la globalité.

3.3. Perfectibilité et pureté.

Il faut savoir quoi faire de tout cela.
La méditation n'est pas que pour le recueillement et la quiétude, permettant au corps son ajustement à l'esprit, ou encore plus loin de pénétrer son intériorité.
Le devenir de l'humain, allant du rien à L'Esprit, commence par le néant en corps en esprit en pensée se purifiant au cours de son devenir pour le jugement dernier. Ce faisant l'esprit se débarrasse de ses entraves corporelles, de ses désirs égoïstes et néfastes, pour s'ajuster de façon convenable à autrui et à son fondement. La pensée devient meilleure, plus juste, plus pure, parce que son essence est confrontée à celle originelle et s'y identifie.
L'esprit progresse et se purifie dans le bien. Le pensant se parfait.

Au fur-et-mesure des évolutions, le corps se transforme sous les effets de son fondement. L'homme devient bon, le moi s'intègre, l'ego discipliné.
C'est à cette fin que nous devons méditer, vivre.
Si le fondement peut changer par le fait du corporel, parce que les deux sont Un, et que l'esprit s'améliore au contact de son Origine (de Vie), le corps devient également meilleur par l'esprit purifié.

A quoi voit-on cela ?
A la PENSEE !

L'homme en son devenir perd peu à peu son égoïsme.
Sa pensée va se tourner vers les autres, pour les autres.
L'humanité retrouve son unité et son équilibre, la vie
poursuivre son chemin.
En elle s'installe l'altruisme.

3.4. L'être spirituel.

C'est celui qui sait se placer en L'Esprit.

La spiritualité n'est pas qu'une dimension humaine, que
cela.
Notre cerveau avec ses projections mentales n'est que le
corps qui se vit. L'essence du pensant conjuguée au reste
définit la réalité du tout, comme comprenant toute
l'humanité, réunie.
Une fois les liens d'équilibre vus et assimilés, l'humain
grâce à son esprit se voit et sait être dans la globalité.
Il s'ajuste, il évolue.
La plénitude dans la totalité de la Loi, c'est quand l'homme
voit précisément son devenir et à venir intégrés au tout
autre, passé, présent et avenir, en soi comme dans
l'immensité. C'est quand sa pensée, bien plus encore son
fondement spirituel, s'ajuste, s'unit au Tout.
L'être se confond en L'Esprit, il redevient Un, éternité.

4. Globalité et unité.

Le corps vit peu, l'esprit voit grand. La capacité de l'un est
réduit, tandis que l'autre parce que lié au fondement est
capable de tout (?).
Nous sommes dans la globalité, éternité sans frontière,
tellement immense que l'esprit s'y perd.

Il ne faut pas se tromper de réalités. L'Esprit est Corps et Esprit.

Le Corps comme notre monde comprend des limites phénoménales. L'Esprit est fondamentalement illimité, même si une partie "dépendante (?)" et liée aux corporels concernés. L'Esprit dans l'absolu est une dimension à part, non régi par les lois physiques telles les nôtres.

Et chaque entité est libre, libre en "rien", mais bien en dépendance avec son expression corporelle, quand elle est constituée... en état de vie.

C'est ainsi que le lien crée la correspondance entre deux mondes, pourtant Un, permettant le passage de l'un à l'autre.

Quand l'entité est Un, nous vivons les deux états simultanément. Et c'est ainsi que pensée, action et évolution se répercutent de l'un à l'autre.

Au corps alerté l'esprit sommeille, à celui reposant l'esprit s'éveille. Mais les deux peuvent aussi se conjuguer.

Vouloir rejoindre l'Origine, c'est se couper du phénoménal, de notre monde. Cela est possible en "cessation de vie, la nôtre".

La démarche ne veut pas dire renoncer à la vie (?), mais dans un désir d'absolu, volontaire ou pas, le "renoncement" peut mener au Spirituel.

Adviennent alors deux choses.

Soit le corps est mort et l'esprit devra revenir dans un autre.

Soit le corps est toujours présent et l'esprit peut le réintégrer.

Ce qu'il faut voir, c'est ce qui permet cela.

L'esprit est capable de voir, de comprendre, de penser, d'évoluer... de retenir, se souvenir. Lié, il ressuscite, délié il se réincarne.

Pourtant c'est toujours le même esprit qui fait loi, qui est vie. C'est lui qui assume les transitions et assure la continuité.

En cela, l'esprit est bien la réalité vraie en toute chose.

Globalité et unité se confondent pour permettre la vision d'un tout.

Les liens sont en la pensée.

Penser d'autres pensées fait voir et vivre autrui dans son intimité. S'y confronter, le comprendre, s'y ajuster entraîne l'harmonie.

L'unité est réalisée quand ce tout se projette d'un même désir dans un destin commun. L'équilibre se rétablit, l'à venir recréé.

Il y a un but d'unité vers quoi tend la globalité. Celui de vivre. Quelle qu'elle soit, toute forme de vie, en son temps de vie, se définit comme entité.

Tant que l'humanité ne se retrouve pas ainsi, il ne peut y avoir d'avenir.

La vision du court terme est de facilité pour son ego, mais n'offre aucune perspective pour sa continuité, sa descendance. La perception d'équilibre basé sur tous, tous les vivants et pensants, est la bonne. Il n'y en a pas d'autre.

En ce présent difficile, où s'installent des egos éparses qui n'avancent que leurs intérêts particuliers, faisant un tout nuisible pour la survie de l'humanité, parce que "possédant" les moyens (germes) de destructions..., ...

jusqu'au néant, il n'y a d'autres possibilités que les combattre, les obliger à se réduire.

Un est que l'action de tous, par la juste pensée, devra soumettre l'Ego en rompant son agrégation.

Deux est de ramener tout ce beau monde sur terre, pour que ceux qui y sont soumis, ou coopèrent malencontreusement, voient enfin que la continuité de la vie ne peut se réaliser que si nous développons celle-ci, c'est-à-dire plus de violence, mort, menace, mensonge, exploitation, arnaque, tromperie,...

et rétablit la bonne entente entre tous les hommes en développant la coopération, l'entraide, les moyens de subsistance nécessaires...

Globalité fait qu'un seul se retrouve en tout. Le temps n'est plus, l'espace non plus. L'esprit est dans la Loi, dans la vie, le fil de la vie, permettant de voir la causalité.

Unité est en la pensée permettant de comprendre que le destin concerne chacun de nous. Et que l'à venir est pour tous, non pas restreint à quelques uns, un sans sens.

Globalité montre l'équilibre qui n'est pas défini en quelque lien, mais bien l'éclatement de la pensée en tous points. Unité ramène la multitude en entité de vie.

Nous sommes Un, et tous en L'Esprit.

C'est tous ensembles, qu'est la création. Rompre cette harmonie par le fait de l'Ego, et c'est la vie qui cesse, notre retour au néant.

L'ego est en chacun, son agrégation en l'humanité.

Chaque entité doit maîtriser le sien, et la globalité son Ego.

La force est en l'Esprit, faire Un avec Lui, libérer le sien, est ce qui conditionnera notre humanité.

Multitude et entité s'effacent, s'instaure l'équilibre restaurant la destinée... la Vie.

Il n'est pas facile de rompre sa dépendance et soumission à l'ego, qui amenuise nos sens et disperse nos facultés.

Mais l'intérêt de vie est suffisamment grand, pour que la pensée redevienne juste, l'efficacité en elle.

Globalité et unité facilitera notre cheminement.

5. La condition humaine.

La souffrance est sur terre, en chacun de nous.

L'illusion est le voile développé par l'Ego, pour obscurcir les réalités, empêcher la réaction.

Nous voyons sans voir, nous bougeons sans réagir. C'est le propre de l'illusion qui nous soumet à l'esclavage.

C'est dans notre monde sous hypnose.

L'esclavage commence par la non-liberté de mouvement, même quand l'entrave est minuscule, et continue en la pensée, pour nous obliger à accepter le faux.

Cela ne concerne, (au-delà), ni la couleur de peau, ni le sexe ou la classe. C'est en tout, partout. Concerne le pauvre, et moins pauvre.

Touche le riche qui estime sa suffisance, et le puissant qui croit trop en sa force.

Le petit souffre sa misère, et le dominant son orgueil. Mais tout le monde, même le plus exploiteur, le plus arrogant, le plus corrompu, ... doit réaliser son présent et son avenir.

La loi de l'Ego est "sans vie", parce qu'il rompt les liens de pensées permettant la création de richesses pérennes. Le

renouvellement n'est pas assuré, c'est l'exploitation à tout rompre. Il n'y a pas de pensée vraiment d'avenir, sauf l'élévation de soi-même en tant que système glorifiant.
La vérité humaine s'appauvrit, l'environnement infertile.
Quand le pic est atteint, que plus rien n'est productif, c'est le basculement du rentable vers le déclin.
Et là commence vraiment le retour au néant.
Tout le système autonome dû à l'Ego va vivre sur lui-même, enfermer totalement les esprits et ronger les corps.
Le système se consume, les pauvres partent en premier, viennent alors les riches, les puissants, la gloriole... parce qu'il n'y a plus rien de vivable.

Ca, c'est la projection de ce que réserve tout système enfermé sur lui-même.

La bonne réaction est en la pensée, en la vie. Refuser la soumission, et recréer des espaces de vie évolutifs.
Couper la chaîne de l'esclave, c'est aussi libérer l'esprit.
Seuls des êtres libres sont capables de créer les conditions futures, parce que l'avenir est dessiné pour sa prospérité et sa continuité, agencé dans l'espace et le temps parce que lié au tout.
Une vue restreinte ne peut offrir que le peu dû à sa propre restriction, celle qui enferme l'humanité au service d'un seul... Ego.

Ce présent nous concerne tous. Le futur aussi.
La condition est illusion, l'illusion devenue (?) réalité.
C'est la force de l'ego, faire croire qu'il récompense le riche et soumis, faire penser qu'il offre un avenir.
Il n'en est rien.

C'est maintenant que la crise s'installe (?), que la difficulté diminue l'horizon,... que l'esprit, de survie, et de vie, va s'aiguiser.

La pensée n'a plus le choix. Trouver les racines du Mal et le combattre tous ensembles, ou laisser aller les choses et se perdre tous.

Un monde meilleur ne peut se construire dans le faux, la soumission, la violence, la mort.

Il ne peut être que dans le bonheur et le bien-être, par tous et pour tous. La Conscience est multiple, et globale. C'est chacun de nous, et tous en L'Esprit. Nous sommes tous capables de voir la perversion, et refuser la corruption. Refuser le Mal, accepter le Bien.

La condition est entre nos mains, dictée par nos pensées.

Si nous refusons le Mal, toutes les formes de mensonges, d'esclavages, de violences, de morts, ..., refusons le diktat égoïste,

nous nous en sortirons en créant un monde d'avenir, en permettant également de dépasser les limites de notre planète, trop petite.

Mais cela un seul ne saurait le faire, ni une humanité sous domination.

C'est pour cela que toute la pensée sera nécessaire.

La pensée juste, pure, altruiste.

6. Esprit d'humanité.

Toute entité pensante se définit par son état d'esprit, Sa Vérité.

Esprit est la Source, esprit est l'homme.

Chaque être est en L'Esprit, en nous, pour accomplir son état... spirituel, son devenir.

Ainsi, l'Homme se définissant lui-même par sa pensée et action, son amour et compassion, sa souffrance et attachement à tout autre,...
son identification à l'humain, comme représentatifs de sa véritable réalité fondamentale : esprit d'humanité.

C'est comme cela que nous devons considérer tout Elu venant pour aider l'humanité à retourner en Source.
Parlant d'Elu, il faut toujours le penser dans sa réalité, tout comme nous devons être "En Vérité", en L'Esprit.

6.1. Le devoir de vérité.

Il s'agit en tout point d'être en elle, d'être elle.

L'homme, le croyant, voit L'Esprit comme le "Père" dans le désir d'être toujours avec Lui, par le lien d'unité qui les font Un, dans la "pensée" (conscience).

L'Etre humain et L'Esprit sont dans la même nature, Eternité, rendant la perception, juste, du tout, possible.
De même, le pensant en rapport avec son prochain estime leur solidarité comme cohérence et unité.
L'entité se confond en l'humanité quand son esprit est en elle.

C'est comme cela que l'intégration du soi au tout autre est possible.

Repartant de l'homme, la globalité humaine est réalisable quand la pensée d'un seul entre dans toutes les autres pensées.

Concrètement, nous estimons que penser quelques choses est en nous-mêmes. Cela est sans compter que les pensées en tant qu'objets ne nous appartiennent pas en propre (sauf si nous en sommes créateurs, et encore) mais souvent sont déjà en d'autres. Le fait de s'intégrer en elles recréent automatiquement les liens entre les êtres, tout comme une machine exécutant sa programmation réalise aussi la pensée de ses créateurs, et liée à eux.

C'est le lien indirect qui unit les phénomènes. Et c'est majoritaire.

La méditation ou tout exercice de découverte de vérités, est de ce type (pas seulement). Alors que le méditant est en soi, il est en réalité lié aux autres, au tout autre.

L'altruisme, c'est quand nous pensons et agissons pour autrui, devient moteur d'unité (?) quand nous le faisons "ensemble et tout le temps".

Ainsi la méditation du non-soi n'est plus seulement un exercice pour découvrir, mais action d'unification des pensées, humaines et au-delà, faisant de l'humanité, unité.

Notre devoir est d'être nous-mêmes, Un, afin de perpétuer la Vie.

6.2. L'Elu.

Il en est de même des Elus.

Restaurer le bien, restaurer la Vie.

Faire face à la perversion, aux faux, montrer et juger le Mal.

Rétablir la liberté, la justice, l'équité. Refaire l'unité pour permettre un à venir.

Nous voyons le passé, le présent, l'avenir. Le mal, le bien, ce qui est, et ce qui doit être.

...

Et le tout, est notre pensant, notre humanité, son état d'esprit.

6.3. L'accomplissement

Est, quand le "Tout" est accompli.
C'est le chemin, qui mène toute entité, du néant à la Source.
Le pensant se réalise, une fois en l'éternité, redevient Un avec son Créateur.
L'esprit est accompli, l'Elu a terminé sa mission ici-bas.
Etre et Esprit redeviennent Un.

Tout comme l'Elu, l'entité humaine doit retourner à son Origine. Se purifier en devenir, accomplir son à venir.
Porter la vie en l'au-delà, afin que la Vie soit.

7. Le message.

L'accomplissement de l'être est réalisé quand son essence devient parfaitement pure. A l'image de L'Esprit qui donne Vie.

Il est "vrai", quand la pensée permet, à son tour, de vivifier le fondement.
Il ne peut l'être que si celle-ci pense et vit autrui du début à sa fin, en la Source, comme processus de transformation fondamentale, du néant en vivant en pensant faisant de rien la vie en tout.

"Tout est accompli" est, en fin, le devenir achevé permettant à la Vie son accomplissement. L'esprit est en Tout, en chaque autre, le transforme en élément vivifiant, propageant la faculté.

Ainsi nous "devenons", non pas nous, mais le tout autre, ce que toute entité est supposée faire, être un moyen de transmettre, réaliser la vie.

L'Eternité se réfléchit.
L'Esprit EST.

** A la Pensée l'à venir, à l'ego le néant.
L'homme est imparfait et doit se purifier.
C'est en la Source qu'il peut le faire. Ainsi le renouveau permet le retour.
Source est en tout, et le tout en nous. L'entité est dans le monde, et le monde (pensant) c'est nous.
Nous, c'est nous tous, la multitude faisant Un, Une humanité de pensée.
Celui qui renaît dans la pureté, s'accomplit dans l'altruisme, immensité. Portant ses semblables en Source.

"Le puissant et le trop riche, égoïstes", ne peuvent offrir que leurs avidités.
Celui en la sagesse crée le tout humain.
Que l'ego s'acharne dans la perversion et l'obscurité, il ne reste qu'un mal incapable de construire la vie.
Qu'il la promette et l'imite, il ne peut cacher sa réalité, violence, soumission, mort,... mensonge et faux-semblant.
Celui-là ne représente en aucun cas l'à venir, bien loin de L'Esprit il est.
Les hommes doivent s'en méfier et s'en éloigner,

combattre le faux et le Mal.

La Vie est en L'Esprit, comme du vivant pensant.
C'est avec autrui que nous pensons et vivons le monde,
bâtissons l'unité, construisons l'à venir.
C'est la réalité nôtre permettant la multitude et faisant
l'unité.
Créer la bonne condition humaine commence en
l'altruisme,
notre pensée en autrui, notre action globale.

Sans doute que chaque croyant (et pensant) l'a déjà en
conscience, et en vérité (?).
C'est dans la justesse que nous serons nous-mêmes,
en l'humanité que repose notre avenir,
en L'Esprit notre espérance et éternité.

*** L'Être est Un,
A l'Humanité son accomplissement !

L'Esprit et la vérité

Partie 7

_____

1. L'Esprit.

L'Esprit est Corps et Esprit, sa Réalité Vérité.

Quand le Tout se révèle et s'exprime, la Lumière est.

De la conscience est le monde, tout comme notre pensant
la création.
L'homme vient de l'Origine, il est source d'à venir.

C'est dans la vision du monde qu'est la lumière, et de
l'esprit la faculté.
Nous assimilons et devenons clairvoyants, notre pensée
voyager vers la vie.

L'Esprit est fondement. Et vérité de Vie.

C'est dans la sagesse qu'est l'humain, sa place dans le tout.
Son esprit apprendre le monde, pour en être et le faire.
Nous sommes les réalités, permettant à la vie de s'épanouir
dans la plénitude.
Nous sommes ... la vie.

2. La sagesse.

Sommes-nous des pensants, sages ?

Au vu de tous les egos se promenant un peu partout, falsifiant le vrai pour tirer les richesses vers eux, corrompant la nature humaine pour pervertir son état, il est sans doute peu dire que d'affirmer la sagesse.
Et pourtant, c'est bien d'elle que viendra le salut de tous, parce que le monde repose sur sa capacité, et non pas sur la restriction.

La sagesse de l'homme, découlant de sa condition, pour permettre sa continuité, est le nécessaire pour une humanité plus conciliante.
Au-delà, Celle en L'Esprit, est dans l'harmonie du tout.

C'est dans l'esprit humain, que se fait la perception de sa sagesse, et c'est dans le monde que se réalisent les dépendances.

Nous voyons la projection de l'amour, qui tisse les liens, et nous appréhendons la faculté, qui illumine les phénomènes.
C'est ainsi que le fondement s'active, et concrétise la vie.

2.1. La sagesse humaine.

Dans le lointain des grottes obscures travaillent des pensées pour améliorer les destins. Et de la réflexion surviennent les réactions apaisant les conditions.

Nous voyons ainsi suffisamment de grandes âmes à l'oeuvre pour contrebalancer le pouvoir de l'ego, travailler les consciences pour faire émerger le vrai, les solutions aux problèmes de notre humanité.

La force cachée dans nos esprits est stimulée pour faire face au mal, suffisante pour contredire son arrogance, et apaiser sa violence, interdire la mainmise sur les peuples, et faire espérer la paix, préparer l'avenir.

Nous saisissons alors toute la grandeur en son sein, bien au-delà de la sérénité semblante calmer les ardeurs. L'apparence du sage, dormant dans sa paix, est la tranquillité corporelle s'installant, quand son intériorité s'active à la recherche du non-soi, à travers sa spiritualité. L'approfondissement spirituel ne s'arrête pas au soi, pour soi.
De cet état vient le prolongement vers autrui, et plus avant encore vers l'éternité toute entière contribuant à la création. La pensée se faufile entre les obstacles invisibles qui voudraient rompre les liens vivants,
pour atteindre ses semblables, et éveiller les esprits.
Elle est partout, en tout. Et c'est la découverte des autres réalités composant le monde, qui se justifient par leur vie, que la pensée perçoit la vérité, celle de maîtriser son ego, pour laisser vivre autrui, le non-soi.

L'image du sage dans la grotte retirée est cela-même, effacer son ego pour s'intégrer au tout. De là comprendre que la volonté malsaine de domination, est la perversion même empêchant le monde de tourner comme il faut. Parce que tendant sous des subterfuges sublimes à transgresser toujours et toujours les lois de la vie, vouloir que les uns et les autres ne se reconnaissent plus dans la fraternité harmonieuse, ... préférant détruire son alentour, plutôt que de contribuer à sa continuité paisible.

Le sage voit tout cela. Son but est de redresser les torts.

Ses possibilités sont dans les esprits (au-delà), que le mal ne peut atteindre totalement à travers la souffrance infligée, et l'oppression autrui, parce qu'ils sont toujours liés au tout autre, unis au Monde.

Le sage peut conditionner son état pour l'adapter aux autres pensées, et amener les esprits dans le semblable, voir la vérité.
Ce n'est pas que lui, qui fait oeuvre, mais surtout la Sagesse de L'Esprit.
Que peut celle humaine ?
Changer le monde. (...)

2.2. La Sagesse universelle.

Sagesse de L'Esprit, sagesse de vérité.
Les réalités éparses s'estompent, composent leurs natures.
Toutes les invisibilités se font jour, la Vie se justifie.

Nous sommes bien loin à présent de la condition humaine (?),
bien que, par le pouvoir de l'esprit (?) ...

Sagesse du monde est notre abord, son correspondant d'éternité est l'harmonie du tout.

L'Absolu a sa sagesse, en sa paix. Celle qui fait que le monde existe, et oeuvre pour sa pérennité. Si l'Esprit en sa grande bonté nous veut donner la sienne, c'est pour que la Lumière continue à briller, pour que la vie soit.

En sa vision éternelle, c'est son état qui se perpétue.

La sagesse est-elle nôtre ? La sienne est d'harmonie. L'harmonisation du tout, faisant que ce tout soit Un. L'éternité, en elle-même, composée d'infinités, demeure en sa Vie, d'où émerge la Pensée de L'Esprit, les consciences intimes. Ce sont les pensées propres aux phénomènes, innombrables en son sein, qui, dans leur combat pour la vie, font les conditions présentes et d'avenir, permettent la projection future du devenir existentiel.

L'Esprit voit tout cela, agit pour cela.
C'est son action que nous pouvons nommer : la Sagesse de L'Esprit.

2.3. Le lien du nôtre à L'Esprit.

"Nous sommes tout le temps en vérité", dans la Vérité, sa Réalité.

Quoique nous fassions, pensions, se dégage toujours l'émission engageant notre état, et la répercussion vers et dans le monde. Entraînant aussi la réaction(s).

Chaque phénomène est lié en soi, et à autrui. Parce qu'il n'est pas son propre, seulement, mais aussi celui de L'Esprit. Et si nous estimons toujours (?) faire pour soi, savoir que le soi est celui en Tout, nos pensées en la Sienne.
A ceux qui se demandent (la question éternelle) comment parler à L'Esprit, il faut seulement comprendre "comment Le penser" ?
Parce que le corporel est limité, en son temps de vie, et que le spirituel compose et active (?) le fondement.

Bien des gens le cherchent, même ceux d'ego pour ..., pour maîtriser la matière, le corporel nôtre, mais, comme tout lien, il faut savoir l'établir, posséder la clé.
En cela, l'Enseignement a donné le commandement d'amour, qui unit, et savoir entrer en son intérieur spirituel, pour rejaillir vers le tout. Faire le lien, c'est la voie vers L'Esprit.
Reste que la clé est en notre esprit même, savoir faire de l'amour l'état semblable à la conscience supérieure.
Aimer, penser, ..., intégrer sa pensée (son esprit) au tout autre.

La sagesse est la capacité de créer l'harmonie, faire les liens, faire vivre les réalités.

N'est pas sage celui qui rompt les équilibres, cause des morts pour sa seule volonté égoïste.

La sagesse est donc action de vie, plus que la quiétude idéale.
Une fois acquise, le sage n'est plus celui des profondeurs isolées, mais l'esprit lumineux qui doit tendre vers l'éclaircissement du monde, la lumière transmise par L'Esprit.

3. La Vérité.

Celle Absolue correspond à la Réalité, les autres ses expressions multiples, ou de perception.
Nous sommes tous des phénomènes uniques, et Un.
Un parce que de vie, unique en rapport avec autrui.

La Vérité de L'Esprit, est son éternité Un, la Vie.

Notre vérité propre, vivants et non, est notre réalité de vie Un.

Ainsi, nous comprenons que la vérité fondamentale, c'est l'entité vivante, vraie, vérité. Et que chaque phénomène est sa propre vérité, non dépendante des points de vue.

La vérité est, parce que la réalité est, vit, est vraie.

3.1. Le pensant.

Sommes-nous en vérité ?

Il n'est pas simple de l'entendre dans l'Enseignement, affirmer l'être, propager la faculté suprême, se réclamer de L'Esprit, distribuer ses bienfaisances.

Ce que peut l'Homme vient de son Origine, l'appel à la puissance changer la matérialité. Tout le monde crie, souvent pour rien, parce que sa parole peu porteuse, sa pensée insuffisamment pure.

L'Elu tenant de l'Esprit peut accomplir, parce que sa pureté est originelle. Celle de l'homme est trop incertaine, mal influée par son ego mauvais.
Le commandement d'amour est pour rapprocher les coeurs, derrière se met alors en marche le changement spirituel nécessaire.
Entre le désir d'aimer et le mouvement de la pensée, pour adapter l'esprit à Celui originel, il y a la faisabilité.
Un ego trop expressif, excessif, fera de l'humain son menteur et sa perte. Le maîtriser est dans l'acceptation de

sa réalité, bonne et mauvaise. Pouvoir exprimer son fondement de bien, est la voie vers la pureté.

L'homme peut dire et faire ce qu'il a envi, mais aux fruits sur autrui se juge la vérité.

Soit l'ego est discipliné, et le bonheur s'installe en son alentour, les fruits sont bons,
soit ce n'est que semblant, et c'est le malheur qui l'emporte.
Etre en vérité n'est pas une promesse de sa bonne foi, mais engage la pensée de celui qui l'affirme. Ce n'est pas en la parole que se concrétise la matérialité, mais c'est dans le fondement d'où vient l'accomplissement.

"En Vérité, je vous le dis", ... (?).

3.2. Question de vérités.

Soyez en vérité !
Chaque entité est sa vérité. Chaque vérité contribue à la vie.

La vie ne repose pas sur le mensonge, la perversion, le mal. Sur le faux qui n'existe que pour tirer l'humanité vers le néant.

Elle repose sur toutes les vérités, les éléments "vivant" faisant le monde.

C'est en cela que la vérité(s) est essentielle, dans la nature vraie engendrant les créations. Pour celui qui recherche le vrai, il est important de comprendre la vie, la volonté faisant oeuvre.

Nous ne pouvons pas tricher et malfaire pour construire notre avenir. L'intelligence est de savoir que le bon usage des choses est dans le choix des outils, que ce sont seulement les vérités vraies, matérielles et spirituelles, qui permettent de bâtir les idées, les projets et les matérialités porteuses d'espérance et de vie.

Au-delà de ces considérations d'utilité, il faut également appréhender le phénoménal, son état.

"Une vérité" est, et se crée, est créée.
Tout comme la vie engendre d'autres vies.

La force du pensant nôtre est de faculté supérieure, tirant ses capacités de l'Essence même. Nous avons comme L'Esprit le don de création.
Cela veut dire que l'homme peut utiliser les vérités en L'Esprit pour réaliser son destin, et en créer d'autres pour se fournir le nécessaire. Il peut aussi éveiller les consciences, communiquer sa lumière, pour faire apparaître des vérités dissimulées ...
...
Jusqu'à ce que toutes se reconnaissent, et illuminent le Monde.
Une vérité, la plus petite étincelle de vie, n'est jamais seule.

Il ne suffit que de voir la vie s'épanouir, pour comprendre le dessein de L'Esprit.

Quoique fasse le mal, le bien travaille toujours derrière à étendre la vie, les esprits labourer le sol et nourrir son devenir. La pensée travaille en vérité, pour faire prospérer l'humanité.

Nous (l'humanité) sommes notre espérance.

3.3. Le danger du faux.

N'est pas de bonne nature la seule prétention, l'essence de l'être est son vrai témoin.

En tout existent et coexistent diverses formes de vérité vraies, pouvant contribuer au bon devenir, allant vers l'à venir.
Il y a des concrètes, abstraites, identiques, semblables, ... même contraires, opposées, ... toutes uniques s'inscrivant dans le vrai.

Et il y a des non vérités, le faux se prétendant vrai, qui ne peuvent composer avec les autres, parce que de régression, notre retour en rien.
Le problème est d'abord de savoir distinguer le faux et le vrai, pour que le faux ne parvienne jamais à s'ériger en maître, puis harmoniser les vérités pour construire la destinée humaine.

Dans le vrai, il y a du faux, et inversement. Le discernement est de clairvoyance, appréhender la vie future devient nécessité. C'est à l'effet, le fruit, que nous reconnaissons le mal, se projeter au-delà du soi rend le présent plus distinct.

Il y a des futurs qui sont déjà dans le présent, et des présents à changer, pour bâtir plus justement notre avenir. Il y a des choses à changer, qui ne peuvent être vues dans la matérialité, mais le fondement effacer l'espace et le temps, permettant à l'esprit de voir le mauvais effet, redresser la causalité en agissant sur l'immédiat.

Même le faux, bien dissimulé dans le vrai, signe son obscurité, et peut être retrouvé par l'esprit en vérité. La pensée en son essence de pureté est capable de distinguer les ombres et les lumières, voir le cheminement des jeux complexes d'ego voulant asservir l'humanité, et leurs orientations malsaines, prendre le dessus sur notre destin, permettre au pensant de rétablir l'équilibre, contrebalancer le mal en action, redestiner la vie.
Dans les subtilités de la vision profonde, l'œil aguerri voit ... le faux minuscule jouer du subterfuge pour mal orienter le devenir humain, pervertir les pensées et empêcher l'humanité son accomplissement. C'est cette capacité à pénétrer le monde qui rend la sagesse capable de déjouer le faux, prévenir les hommes comment combattre le mal, donner la lumière nécessaire pour vaincre l'ego.

Nous sommes en vérité, quand nous sommes en L'Esprit, le fondamental, l'Origine de tout.
L'essence nôtre, la vérité en tout, distinguer le fond des choses, mettre le faux sous les lumières du vrai. C'est ainsi que les pensées verront apparaître du pénombre au visible, le faux dans son oeuvre nihiliste, contrarier notre vie.
Se mettre en marche le vivant, restaurer sa pensée, aller vers la perfection.

C'est dans le parfait que se justifie notre vie, pour se prémunir du mal, assurer notre à venir.
Nous sommes des vérités, le faux semblant non de réalité, seul le vrai fait la pureté du parfait.

4. Le Parfait.

Son accomplissement ?
A l'image de L'Esprit, l'humain doit pouvoir le contempler, à sa réalité, pouvoir s'y convertir.

4.1. Sa perception.

La perfection n'est pas dans la mentalité, mais dans la Loi.
Devient parfait (?), le phénomène réalisant son entité.

L'homme s'imagine un parfait au-delà, difficile à atteindre, estimant sa propre imperfection. Bien que l'ego lui fait souvent miroiter son sublime.

La vision d'un phénomène, saisi en globalité, fluctue à l'approche de son contour. Nous voyons bien sa réalité, mais son état toujours changeant, empêche de saisir son parfait. Cela est dans l'évolution de la vie, toujours mouvante, insaisissable.

C'est ce qui nous fait dire que rien n'est parfait, ni dans la beauté, ni dans sa profondeur.
Cette approche n'est que de vision, celle qui bouge avec le semblant.
Si nous voulons voir la perfection, elle s'échappe du regard, tellement ce dernier est peu fiable. C'est donc que

la vue est insuffisamment sûre, peu appropriée en la matière.

La perception est injuste, parce que le corps n'est pas le fondement, seul l'esprit fait la vie en tout.

C'est pour cela qu'il faut être dans le spirituel, pour réaliser le parfait, atteindre L'Esprit, être dans le Tout.

4.2. Sa réalité.

Appréhender le parfait, c'est être dans sa vérité.

Le parfait est dans la réalité des phénomènes. L'humain sera toujours dans l'incapacité de saisir la perfection tant qu'il ne fait qu'en rêver. Même dans l'imagination la plus fertile, l'homme restera incapable de la voir. A chaque fois qu'il pense pouvoir la palper, se découvre une imperfection désolante.

Et pourtant, les sens s'approchant au plus près peuvent toucher le subtil, combler les défaillances, aller vers son tout. Se dessine peu à peu la perfection désirée, la réalité s'accomplir en sa vérité.

Vient alors le moment où le pensant n'évolue plus dans sa quête, le parfait se brouiller, l'humain rester inassouvi dans sa recherche extrême. C'est la cruelle déception de notre monde, plein d'illusions.

Mais si le corporel n'y peut rien, l'esprit peut prendre sa relève. Aller dans le fondement, voir le parfait des choses (?).

Un phénomène, une entité, dégage en premier abord son aspect, sa matérialité. Et ce dernier bien que parfois plaisant, n'est jamais ce que la pensée désire vraiment atteindre, qui va continuer son chemin vers les infiniment petits constituant chaque réalité.

L'entité se disloque alors, vient son intimité. L'esprit peut voir ses éléments d'agrégation, jusqu'à leur perte de réalité, débouchant sur l'immatérialité, le fond spirituel de toute vie.

La pensée a alors sous ses yeux l'essence véritable, le double fondamental de tous les corps nôtres. Le "rien", l'esprit pur.

Il est dans la vérité, la paix absolue. Nous sommes au fond des problèmes (notre corporel), un état en soi.

Puis ...

4.3. La conscience.

La pensée qui vagabonde de notre corps en sa profondeur, jusqu'à atteindre l'esprit impalpable, voit le fondement immatériel se transformer de "rien" en ... d'autres pensées, des pensées autres.
C'est le bon moment de réflexion, pour ne pas se perdre en chemin.

Que ce soit une image, ou une pensée, la perception doit toujours pouvoir se rapporter à sa réalité, le vérifier dans notre monde. C'est ainsi que le discernement doit juger l'illusoire et le réel, trouver les correspondances.
Si c'est un simple rêve, il ne peut y avoir de lien concret.

Si c'est une pensée autre, elle a son phénoménal dans notre monde, et nous pouvons concrètement le retrouver.

Cette parenthèse dite, nous pouvons poursuivre notre route.
A partir du moment où l'esprit est confronté au non-soi, le contact est spirituel, les pensées se confondent, les nôtres se conjuguer avec celles autres.
De leurs ajustements et découvertes successives nous font intégrer d'autres êtres, voir leur condition, leurs souffrances et attentes, saisir leur réalité, "vivre leur vie".

Il y a le(s) sens des choses.

Nous allons vers les autres, le tout autre, les pensées se rencontrent, s'adaptent, changent, évoluent...
tout comme ils viennent à nous, les pensées pareilles.

Les liens s'établissent, permettant d'éveiller les consciences, contribuer à l'harmonie.
Par les apports des pensées, les richesses spirituelles progressent, les esprits s'éclairent.
La lumière aide à vivre, développer d'autres vies, ... accomplir la Loi.
Dans la réalité, le Parfait est de vie, et non pas un état figé, une conception idéalisée.

L'humain plein d'ego ne peut jamais affirmer son parfait, toujours vacillant, prêt à sombrer dans son obscurantisme, et son obscurité.
Même l'humanité toute entière peut se perdre dans le néant, ne plus suivre son destin, participer à la Vie.

Où est donc le parfait, pouvoir accomplir sa vérité, faire du soi la source d'autres vies, permettre à l'humanité d'assumer sa destinée ?
En vérité, il n'y a que L'Esprit qui soit Parfait, parce que la Vie en Lui.

A celui qui cherche la perfection, il lui faut éliminer la perversion, s'immerger dans la vie, vivre le Parfait.

Se retrouver en L'Esprit, être dans le Tout.

5. Le message.

Nous sommes les êtres de lumière, qui font le Parfait, Seul capable de transmettre toute la vie.

L'humanité tient de son Origine, pensant, le double du soi et autrui, pour réaliser sa Volonté.
De son amour tisser les liens en tous sens, aller vers la conscience, aller vers le monde.

L'homme comprendre sa spiritualité, assurer sa destinée.
Ce que nous devons faire tient à notre humanité, le Un de L'Esprit permettant les miracles.

L'élévation entraîne la vision, d'où découle la justesse, faire de la Création le lieu de vie bonne en tout.
Il faut à l'humain comprendre ses semblables, l'espoir est dans le coeur, s'accomplir le devenir.

*** L'harmonie est en L'Esprit, unissant les réalités.

S'élèvent vers le Ciel les vérités du monde, pour que notre vision s'éclaire, la perception des choses entrer dans la subtilité.

L'esprit atteint le fond, détermine son état propre, faire sien les complexités.
Voit les étincelles de vie devenir plus sûres, à l'approche du Messager porteur d'espérance.
Chaque projection de sa capacité crée le lien entre les entités, devenir une pensée merveilleuse.
Le phénomène endormi s'éveille de son fond, bouger en tous sens, grandir son vivant.

Peu à peu l'éternité se correspond, se dégage de l'inerte le mouvement nécessaire à la Création toute entière.
Force est de voir l'Esprit faire de son subtil la matière d'où apparaissent tous les êtres, faisant le terreau pour des fruits abondants.

La pensée va prendre corps, pour que les intelligences se voient vivre, trouver son chemin, éclairer l'univers.
L'humanité en son sein, éveillée par l'Esprit, perçoit la voie, grandir son espérance.

L'Enseignement converti en dessein, les âmes de toutes vies éblouir l'espace, forger le destin.
L'humain comprendre son sens, aller porter la lumière ailleurs, qui dessine son chemin, faire le lien entre tous.

Au fin fond de l'univers, transmettre le savoir, la matière se mouvoir, devenir à son tour la pensée de L'Esprit.
Les pensées se réfléchissent, puis éclairent le monde, faisant de l'obscur le lieu propice à son à venir.

Peu à peu le bien s'installe, la Conscience reprendre la main. La lumière est dans le ciel, tous les pensants jouer du sien.

Les esprits s'apaiser, se dispersent en Tout, intégrer la Conscience, préparer leur futur.

La Vie est prête.

L'Eternité poursuit son cours.

Eternisation

Le cycle de la vie qui concrétise l'état "premier" est le déroulement naturel de la pensée créative.
Devenant la matérialité qui souffre son semblant, ainsi agrégée en entité physique, et réfléchir en spiritualité.
Plus la pensée s'accomplit en corps, et plus l'être doit affirmer son humanisme. Comme ce qui est infiniment plus vaste que son orgueil préjugé, afin de trouver la voie à son tout discriminant, et atteindre l'Esprit qui sommeille en chacun.

C'est ainsi que du tourbillon jaillissant les éparses, qui ne peuvent ni se voir (penser) ni distinguer leur futur, la Parole bienveillante ordonne et justifie le but à venir.
Pour qu'en créant les conditions nécessaires à la bonne orientation, l'humanité trouve sa cohérence et opère sa raison d'être. Comme un état mouvant en destinée, et bien parvenir en Loi accomplissante.

Le lien est suffisamment fort pour un retour en grâce.
Savoir disposer son soi en état purifié, se convertir justement.
C'est la conscience nous reliant à notre origine qui permet cet accomplissement en l'éternité.

Le devenir est dans le mouvement planétaire des "évolutions naturelles". Pour ceux qui connaissent la valeur existentielle dans la subtilité fondamentale.
Le corporel s'affirmant pour vivre infiniment, c'est la pensée qui offre le passage et qui libère l'horizon.
Et c'est en disciplinant l'espace que nous voyageons le temps, pour que la vie demeure, il nous faut être purs.

Le chemin vers L'Esprit montre deux possibilités en fin identique.
Soit le bon usage de notre conscience éveillée qui place notre esprit directement en état semblable à la Source, soit le cheminement en toute globalité, notre humanité qui s'étend dans l'immensité en nous assimilant par la connaissance et la pensée active à l'essence même.

Le premier fait agir notre fondement spirituel, et nous intègre à L'Esprit, consciencieusement.
Le second est dans la continuité de notre expression matérielle. Qui aboutit finalement en notre Origine subtile, par la pensée, qui se diffuse et fusionne, en devenant elle-même espace-temps.

Que si nous saisissons notre profondeur capable de rejoindre la Source par deux consciences semblables, il en sera de même quand notre réalité adviendra par "concrétiser" notre pensée vraie.
Qu'en toute fin utile de vie, tout finit par redevenir réalité essentielle, l'Esprit qui supporte et crée la vie.

Le principe doublant rejoue à rebours.
Les réalités devenues qui meuvent et redeviennent. Tantôt subtiles, tantôt évolutives.
Qu'en pensant l'esprit nous nous intégrons directement, ou bien suivre en devenir, c'est l'entité qui chemine jusqu'à sa réalisation pleine. L'essence Un.

Dans notre nature phénoménale qui pense et reflète, il y a des expériences aussi intégrantes, à savoir les coïncidences. Notamment l'amour qui apaise en paix approfondissante, également l'empathie qui rend la symbiose avec l'alentour, notre fondamental ressenti. Le sentiment à correspondre avec le parfait est dans la composition de notre esprit qui retrouve sa plénitude en joie et en conscience.

Quand nous saisissons la main d'un être aimé, c'est l'apaisement qui nous met en situation merveilleuse, d'une sérénité bienheureuse où le détachement du monde présent nous illustre une harmonie calme et entière, avec un au-delà loin des difficultés de notre condition malheureuse. Ou bien notre côté originel, à nous placer parfois dans la globalité, quand nous contemplons la flore, la planète et le cosmos, pour pressentir la voie qui nous assemble dans notre Vie avant temps.

Entre notre entité physique et le Tout de L'Esprit, les correspondances illustrent bien ce que nous sommes devenus, et là où nous étions source, ou le serons plus tard. Le devenir exprime l'immédiat quand nous utilisons l'esprit pour nous intégrer, et notre progression savante pour affirmer de plus en plus notre réalité pensée, qui s'accomplit au fur-et-mesure de la connaissance acquise et performante.

Le temps est "d'espace", si nous comprenons ce que nous sommes. Soit en situation de plénitude consciencieuse, présente, à nous détacher du corporel pour mouvoir dans l'Esprit vrai, soit quand tout l'univers et notre humanité parviendront en justesse, par le savoir intégrant, qui nous disperse dans l'espace, en fusionnant notre pensée en Celle éternelle.

Les paradis sont entre les deux.

Les degrés représentent des stades de notre corporalité ou de notre dématérialisation. Il y a des rêves qui placent notre esprit dans le monde spirituel, et qui nous font retrouver des êtres chers, qui communiquent avec nous en nous montrant des réalités apparentes, d'ici et ailleurs, à vérifier leur fait dans notre présent, et il y a notre esprit pur, qui s'éloigne en évoquant notre à venir dans d'autres dimensions, ainsi que dans le Tout.

Plus nous nous intégrons et plus la matérialité s'estompe. Non pas comme une perte de conscience mais comme l'expression de notre réalité profonde et subtile qui exprime des retrouvailles recomposées. Et tout au bout de la chaine, se trouve le Tout où L'Esprit nous attend quand ce sera l'éternité qui supplantera l'illusion de la matière créée.

Le cycle de la création est infini. Il représente bien le mouvement qui conditionne la Pensée cheminante, soit en sa vérité entière et pure, soit en mouvant en devenir, en exprimant sa matérialisation et sa dématérialisation.

Et il n'y a dans la signification du Un primordial et partout aucune contradiction. Aucun paradoxe.
Nous sommes toujours et toujours au fond de nous-mêmes l'essence des choses, et tout ce que nous faisons et pensons fait partie de la Réalité, et retournera au subtil à notre fin temporelle.

La vérité à saisir, dans notre perception des différences, quand nous vivons L'Esprit, ou quand on l'ignore en se prétendant libre et seul pensant, c'est dans la conviction égoïste à refuser le monde vrai. Au lieu de mouvoir en progression, la pensée qui se parfait, on interdit le mouvement en stagnant, en rebroussant le chemin, ou en n'agissant que pour soi.

Parce que la vérité contribue à enrichir l'esprit créateur, valorise le fait humain et le bien-être nécessaire à son évolution future. Et que la pensée revenant en source est prescrite, de connaissance convainquante, comme notre recherche du vrai qui se redécouvre naturellement. Plus nous trouvons les solutions et plus nous pénétrons le subtil comme le moyen de notre survie et vie à venir.

L'usage et le développement des sciences physiques est dans l'esprit même. Tout comme notre conscience en l'Esprit qui nous place en tout, et en capacité de mouvoir en ce tout qui rejaillit en connaissance dans le monde, à fertiliser.

L'ignorance doit être remédiée par un savoir nous cultivant la matière et son tout, pour faire de l'humanité et son environnement, proche et lointain, le terreau utile.

La vision de grandeur doit nous projeter en tout. Transformer l'espace et étendre la vie, construire la pensée.

Et dans les dimensions à discerner, l'humanité à transcender, l'esprit et le corps à recomposer, toutes les capacités doivent être réunies et mises à l'œuvre pour Nous justifier en Un, une seule Vérité définissant sa concrétude et poursuivant l'Espérance de Vie.

En termes d'espoir, se réaliser pour être, le discernement est important en matière d'états incorporés.

Que le fond dissimule notre vrai, ou que la forme se vit au quotidien, l'entité est par l'esprit ce que la Conscience prédispose.

Les actes expriment les désirs, et les attitudes correspondent bien à l'humain, mais ce que nous sommes, par la volonté propre et dans nos rapports avec le monde, reste toujours dans la Loi en rapport avec le Parfait.

Le commandement de bien est de lien, et les actions y menant, que ce soit dans la religiosité la plus pure ou la simplicité vécue, quand notre pensée est en sagesse et son humanisme réel, ils nous ouvrent le chemin vers l'existentiel.

L'illumination qui transcende.

Le fait du mal, qui nous ment la raison et qui éloigne par meurtrissures, disloque la justesse en nous, et nous fait perdre la bonne foi qui unit.

Ne plus être (en) Un.

C'est ainsi que le Pardon, et agir en bien et bonté, purifie l'essence, jusqu'au tout de L'Esprit. Rendant la sentence du jugement de bien, notre plénitude originelle nous faisant éternels.

Dans l'Etat suprême de l'Esprit saint, l'humanisme prévaut en une humanité entière. Qui, en s'inscrivant en grâce, rend sa réalité Un. Notre tout redevenu dans le chemin mouvant.

Exactement ce que la Conscience est en Vérité, justifie la Vie, pour être Réalité.

L'homme doit être vrai.

Vivre suivant les préceptes de L'Enseignement, et être en Loi.

Etre en Parfait,
veut dire que le mouvement, dont la conscience se voit en tout, retrouve la possibilité de pouvoir exprimer la pensée vraie, d'essence et de corporalité dont la science signifie d'une part l'esprit de notre tout, de l'autre la compréhension du mouvement et de ses états courants.

Il y a dans la méditation, le savoir et la fusion spirituelle, notre placement dans le fondamental, qui est la composition subtile de sa propre définition concrète de nos états et monde créés.
Permettant d'ouvrir l'esprit à d'autres dimensions de connaissance extrapolable.

Et ce tout faisant et reconstituant notre nature entière est la juste Réalité spirituelle, physique et mouvante de l'Eternité pensante.

Le principe et processus, croire en L'Esprit comme se penser correctement, s'imaginer vivre et se libérer du monde, de nos egos et ignorances, permettre d'aller loin et de propager la pensée vivante, s'inscrire dans le vrai et semer l'humanité, planter le grain et développer la philosophie, reste acte de cohérence pour être Un et bien se justifier en Lui.
Notre pensée est d'Esprit et le mouvement est de Vie.
Celui de notre fait entre dans la danse de l'essence pure où nous voyageons en accord créant le tout du monde.
Ainsi tout se conjugue et se meut, exprimant l'Etat de Réalité, qui fait être Vérité.

Le Tout est Esprit. Celui où est liée et pense l'humanité. Et c'est sa Pensée-nôtre, devenant avec les créations, l'éternité en cours, qui montre que le mouvement est un tourbillon continuel reposant sur Elle-même.

La sagesse consiste à se prémunir du faux en se plaçant dans la connaissance active. Qui par effet vivifiant est de nature fondamentale, toujours en mouvement.
Celles en rapport avec la matière, ne pas demeurer en stagnation et se transformer constamment, doivent être continuellement appliquées pour s'améliorer vraiment.

Ainsi, la sagesse est bien de lien en ce tout nous ouvrant le chemin, qui se libère des contraintes inhospitalières, assurant la condition humaine comme un futur toujours vrai.

Que finalement, l'usage de la pensée, à son apogée matérialisante, est de perfectibilité, créatrice, qui se purifie vers l'au-delà.
A savoir que la voie qui garantit la vie, en transformant la matière à disposition de la science et moyens de vie, nous fait pénétrer, significativement, le subtil, dont la petitesse appréhendée est la pensée-même, qui se purifie au fur-et-à-mesure de notre accomplissement dans le Tout-Etat.

La bonne utilisation de la science reste dans la cohérence, qui dit d'une part le néfaste à s'assoir mal dominant, de l'autre que le don sert à vivifier le chemin courant. Qu'en toute restriction, malfaisante, l'homme s'affaiblit les moyens, c'est seulement en composant et en culminant les atouts qu'il peut ouvrir les horizons promis.

La subtilité est donc de clairvoyance-même.

Le discernement entre les erreurs qui perdent l'humanité, et l'offre de justesse de la bonne pensée qui consolide la vie. Quand nous faisons de façon adéquate, automatiquement, la pensée nous propulse vers l'à venir. Comme mettre en commun les ressources, propres, entretenir la cordialité et définir le progrès, enrichir la terre et conquérir l'espace. Parce qu'il y a dans le tout bonifié, beaucoup plus que le mal usager.

Qu'évidemment le bien entraine le bien, à amener la prospérité, la connaissance et notre continuité, nous pensons de manière juste. Et notre pensée se purifie en parfait.

Exactement ce que L'Esprit nous prescrit quand l'Enseignement divulgue, assagit, et libère la voie vers la Vie.

Notre éternisation en tant que pensants justes.
Devenir le Tout de L'Esprit.